utb 3659

utb.

AF640250

Eine Arbeitsgemeinschaft der Verlage

Brill | Schöningh – Fink · Paderborn
Brill | Vandenhoeck & Ruprecht · Göttingen – Böhlau · Wien · Köln
Verlag Barbara Budrich · Opladen · Toronto
facultas · Wien
Haupt Verlag · Bern
Verlag Julius Klinkhardt · Bad Heilbrunn
Mohr Siebeck · Tübingen
Narr Francke Attempto Verlag – expert verlag · Tübingen
Psychiatrie Verlag · Köln
Ernst Reinhardt Verlag · München
transcript Verlag · Bielefeld
Verlag Eugen Ulmer · Stuttgart
UVK Verlag · München
Waxmann · Münster · New York
wbv Publikation · Bielefeld
Wochenschau Verlag · Frankfurt am Main

Grundzüge der juristischen Methodenlehre

von

Dr. Peter Bydlinski

o. Universitätsprofessor an der Universität Graz

Universitätsprofessor an der Wirtschaftsuniversität Wien

auf Basis der 1. Auflage

von

Dr. Dr. h.c. mult. Franz Bydlinski †

em. o. Universitätsprofessor in Wien

4. Auflage

2023

facultas

Bibliografische Information der Deutschen Nationalbibliothek

Die Deutsche Nationalbibliothek verzeichnet diese Publikation
in der Deutschen Nationalbibliografie; detaillierte bibliografische Daten
sind im Internet über http://dnb.d-nb.de abrufbar.

4. Auflage 2023

facultas Verlag, Stolberggasse 26, 1050 Wien, Österreich

Satz: Wandl Multimedia-Agentur
Druck und Bindung: CPI – Ebner & Spiegel, Ulm
Printed in the EU
ISBN 978-3-8252-6145-0
E-ISBN 978-3-8385-6145-5
E-PUB 978-3-8463-6145-0

Vorwort zur 4. Auflage

Die vorliegende kleine Schrift wurde vor fast 20 Jahren in erster Auflage von meinem Vater verfasst. Sie beruht auf seinen jahrzehntelangen Bemühungen um ausgewogene und praktikable Positionen zum möglichst rationalen, das heißt nachvollziehbar begründeten, Umgang mit Rechtsnormen. Sobald es heikel wird, dürfen sich auch erfahrene Rechtsanwender nicht allein auf ihr Rechtsgefühl und ihre (subjektiven) Gerechtigkeitsvorstellungen verlassen. Vielmehr bedarf es dann einer gelegentlich durchaus aufwändigen methodischen Vorgangsweise. Darüber soll hier Auskunft gegeben werden, wobei die durchaus beabsichtigte Kürze – das Werk soll ja von möglichst vielen gelesen werden, nicht schon durch seinen Umfang abschrecken – sowohl zu manchen Vereinfachungen als auch zu Schwerpunktsetzungen zwingt. Die Schwerpunkte liegen dort, wo der praktisch tätige Jurist, an den sich das Werk neben den Studierenden primär wendet, wohl immer wieder Hilfe benötigt: Bei der Auslegung von Rechtsnormen, bei der Arbeit mit (möglicherweise) lückenhaften oder überschießenden Regelungen (Stichworte: Analogie und Reduktion) sowie besonders bei der Arbeit mit Präjudizien, also mit Vorjudikatur, die sich zur nunmehr – neuerlich – aktuellen Rechtsfrage bereits geäußert hat (Stichwort „Richterrecht“). Eine solche Darstellung muss einerseits eine gewisse Abstraktionsstufe erreichen, kann aber zugleich nicht ohne erläuternde Beispiele auskommen. Diese sind ganz überwiegend dem Privatrecht entnommen; und da wiederum vor allem (aber nicht nur) dem österreichischen. Für die vierte Auflage wurden diese Beispiele ein weiteres Mal vermehrt.

Nachdem methodische Fragen vor einigen Jahrzehnten in der Rechtswissenschaft intensiv diskutiert wurden, scheint es seit einiger Zeit eine gewisse Flaute zu geben. Vielmehr erfolgt eine Konzentration auf die Bedeutung der europäischen Umsetzungsvorgaben, wobei die jüngere Wissenschaftlergeneration dazu tendiert, diesen Aspekt zu stark zu gewichten. Für eine Rechtsfindung contra legem gibt jedoch auch das europäische Recht keine Rechtfertigung. Auch darauf soll im vorliegenden Werk deutlich hingewiesen werden. Daher habe ich den Abschnitt zur europarechtskonformen Auslegung bzw Rechtsfindung ein weiteres Mal ausgebaut und dabei vor allem den Zulässigkeitsgrenzen besonderes Augenmerk geschenkt. Berichtenswert erscheint schließlich auch, dass in anderen Ländern aktuell großes Interesse an methodischen Fragen zu bestehen scheint. So sind im Jahr 2023 Übersetzungen der 3. Auflage in koreanischer und in chinesischer Sprache erschienen.

Nicht zuletzt aufgrund der Beobachtung, dass sich die studentische Sprachkompetenz von Jahrzehnt zu Jahrzehnt eher verschlechtert als verbessert, habe ich ein weiteres Mal mit Hilfe studentischer Probeleser/innen, namentlich meiner studentischen Mitarbeiter/innen *Noah Herscovici, Julian Köck* und *Katharina Petrovic,* denen ich für ihr Engagement herzlich danke, versucht, die sprachliche Zugänglichkeit für die heutigen Leser/innen zu erleichtern. Dabei wurde der gesamte Text nach dem studentischen Durchgang von mir Satz für Satz gelesen und überarbeitet (mit herzlichem Dank an meine Schwiegermutter, die mir dafür drei Tage lang Herberge und Klausur geboten hat).

Der Inhalt des Buchs ist – aufgrund der behandelten Materie – allerdings nach wie vor durchaus anspruchsvoll. Auch deshalb, nämlich um die Lektüre nicht weiter zu erschweren, habe ich das generische Maskulinum verwendet und nur punktuell weibliche Formen ergänzt. Selbstverständlich ist mit dem Juristen aber weiterhin die Juristin mitgemeint, mit dem Richter die Richterin usw.

Seit der 2. Auflage habe ich nicht nur vieles umformuliert, sondern auch eigene inhaltliche Akzente gesetzt. Daher erscheint das Buch nunmehr allein unter meinem Namen (wobei ich hoffe, dass mein Vater die meisten der seit der Erstauflage erfolgten vielfältigen Änderungen und Ergänzungen ebenfalls als Verbesserungen empfunden hätte).

Graz und Wien, im Mai 2023 *Peter Bydlinski*

Vorwort zur 1. Auflage

Die vorliegende kleine Schrift enthält eine einführende Zusammenfassung meiner methodologischen Positionen, wie sie in drei Büchern und zahlreichen Abhandlungen entwickelt wurden. Zuerst ist sie 2003 vom Forschungsinstitut für mittel- und osteuropäisches Wirtschaftsrecht der Wirtschaftsuniversität Wien in deren „Arbeitspapieren" für einen engeren Kreis von mit diesem Institut verbundenen Interessenten veröffentlicht worden. Sie beruht auf den Vorlesungen, die ich 2003 auf Einladung der Fakultät, der „Österreichischen Rechtschule" und der „Tschechischen Gesellschaft für das Studium des Rechtes der deutschsprachigen Länder" an der Universität in Brünn gehalten habe (dazu das Vorwort von Peter Doralt, Jarmila Pokorná und Ivana Bučková, den Organisatoren dieser Vorlesungsreihe).

Da verschiedentlich der Wunsch nach einer allgemein zugänglichen Publikation geäußert wurde, regte Prof. Peter Doralt eine solche an. Er vermittelte auch den Verlagsvertrag. Für sein förderliches Interesse an dieser Schrift habe ich ihm sehr zu danken; für vielfaches Entgegenkommen dem Verlag. Vielleicht ist eine Einführung wie diese besser geeignet als dicke und daher selten ganz gelesene Bücher, junge Juristen zumindest ein wenig gegenüber den extremsten der vielfältigen schiefen oder missverständlichen, manchmal freilich hochgelehrten Äußerungen über die Aufgaben, Möglichkeiten und Grenzen methodisch disziplinierter Rechtsfindung zu immunisieren.

Maria Enzersdorf, im Juli 2005 *Franz Bydlinski*

Inhaltsverzeichnis

Abkürzungsverzeichnis

ABGB	Allgemeines Bürgerliches Gesetzbuch (Ö)
Abs	Absatz
AEUV	Vertrag über die Arbeitsweise der Europäischen Union
aF	alte Fassung
Art	Artikel
BGB	Bürgerliches Gesetzbuch (D)
BWG	Bankwesengesetz (Ö)
bzw	beziehungsweise
BGH	Bundesgerichtshof (D)
CH	Schweiz
CISG	United Nations Convention on the International Sale of Goods (UN-Kaufrecht)
D	Deutschland
dh	das heißt
EKHG	Eisenbahn- und Kraftfahrzeughaftpflichtgesetz (Ö)
EMRK	Europäische Menschenrechtskonvention
EU	Europäische Union
EuGH	Europäischer Gerichtshof
f	und der (die) folgende
ff	und die folgenden
GewRÄG	Gewährleistungsrechts-Änderungsgesetz (Ö)
hA	herrschende Ansicht
Kfz	Kraftfahrzeug
KSchG	Konsumentenschutzgesetz (Ö)
NotAktsG	Notariatsaktsgesetz (Ö)
Nr	Nummer
Ö	Österreich
OGH	Oberster Gerichtshof (Ö)
OGHG	Gesetz über den Obersten Gerichtshof (Ö)
OR	Obligationenrecht (CH)
RL	Richtlinie (EU)
RIS	Rechtsinformationssystem des Bundes (Ö)
S	Seite(n)
sog	sogenannte, -er, -es
StGB	Strafgesetzbuch (Ö)
USA	United States of America (Vereinigte Staaten von Amerika)
usw	und so weiter
uU	unter Umständen

VfGH	Verfassungsgerichtshof (Ö)
VGG	Verbrauchergewährleistungsgesetz (Ö)
vgl	vergleiche
WKRL	Warenkaufrichtlinie der EU
zB	zum Beispiel
ZGB	Zivilgesetzbuch (CH)

Ausgewählte Literaturhinweise

Die Grundzüge der juristischen Methodenlehre dienen der Einführung bzw der zusammenfassenden Wiederholung. Für diesen Zweck sind detaillierte Literaturangaben oder gar Fußnotenzitate kaum erforderlich; mancher Leser könnte sich sogar eher abgeschreckt fühlen. Einige weiterführende Hinweise für besonders Interessierte sollen aber doch gegeben werden. Die folgende beispielhafte Auswahl enthält nur deutschsprachige Buchpublikationen und ist bewusst kurz gehalten (und schon deshalb nicht ganz ohne Willkür).

1. Allgemeine methodische Literatur

Bydlinski Franz, Juristische Methodenlehre und Rechtsbegriff[2] (1991, Nachdruck 2011): umfangreiches, detailreiches Werk; Schwerpunkt österreichisches Privatrecht

Engisch, Einführung in das juristische Denken[12] (2018): klassisches Einführungswerk

Kerschner, Wissenschaftliche Arbeitstechnik und Methodenlehre für Juristen[7] (2022): praxisnahes Werk mit Schwerpunkt österreichisches Privatrecht

Kerschner, Juristische Methodenlehre. Zur gesetzestreuen Rechtsanwendung – eine Streitschrift (2022): neues Werk mit besonderer Betonung des gesetzgeberischen Willens

Kramer, Juristische Methodenlehre[6] (2019): eher kurz gefasstes Werk mit vielen Detailnachweisen; Schwerpunkt Schweizer Privatrecht

Larenz, Methodenlehre der Rechtswissenschaft[6] (1991): Klassiker mit Schwerpunkt deutsches Privatrecht

Larenz/Canaris, Methodenlehre der Rechtswissenschaft[3] (1995): gekürzte Studienausgabe

Möllers, Juristische Methodenlehre[4] (2021): aktuelles, breit angelegtes Werk

Müller/Christensen, Juristische Methodik I[11] (2013): Schwerpunkt deutsches öffentliches Recht

Puppe, Kleine Schule des juristischen Denkens[4] (2019): Einführungswerk mit Schwerpunkt deutsches Strafrecht

Wank, Juristische Methodenlehre (2020): neues Werk zum deutschen Recht mit starkem Falllösungsbezug

Zippelius, Juristische Methodenlehre. Eine Einführung[12] (2021): kurz gefasster Einführungsklassiker zum deutschen Recht mit Schwerpunkt Rechtstheorie

2. Literatur zu rechtlichen Grundfragen sowie zu methodischen Spezialthemen

Adams, Ökonomische Theorie des Rechts[2] (2004)
Adomeit/Hähnchen, Rechtstheorie mit juristischer Methodenlehre[7] (2018)
Alexy, Theorie der juristischen Argumentation[10] (2022)
Bydlinski Franz, System und Prinzipien des Privatrechts (1996, Nachdruck 2013)
Bydlinski Franz, Der Begriff des Rechts (2015)
Riesenhuber (Hrsg), Europäische Methodenlehre[4] (2021)
Rüthers/Fischer/Birk, Rechtstheorie und Juristische Methodenlehre[12] (2022)
Schäfer/Ott, Lehrbuch der ökonomischen Analyse des Zivilrechts[6] (2020)

A. Einleitung: Was ist und wozu betreibt man juristische Methodenlehre?

I. Begriff und Aufgabe

Die Methode ist das Handwerkszeug aller Wissenschaftler. Daher braucht auch die Rechtswissenschaft ihre Methode; und im Übrigen ebenso all jene, die Rechtsnormen „bloß" anzuwenden haben wie insbesondere die Richterinnen und Richter. Die hier gemeinte Lehre von der Methode der „eigentlichen Jurisprudenz" (Rechtsdogmatik) – nicht der Rechtsgeschichte, Rechtssoziologie, Rechtsphilosophie oder Gesetzgebungslehre bzw Rechtspolitik – wird oft so beschrieben, dass es um das **„Verstehen" des geltenden Rechts** oder um die „Beschäftigung" mit dem geltenden Recht gehe. Das ist nicht falsch, aber wenig aussagekräftig. Daher sei schon an dieser Stelle die **Hauptaufgabe der Jurisprudenz** betont: Sie hat **praktische Bedürfnisse** zu **erfüllen**, nämlich der Rechtsgemeinschaft und ihren Mitgliedern **Orientierung über Rechtliches** zu geben. Daher ist es deutlicher, wenn man einerseits auf den unmittelbaren Gegenstand der juristischen Arbeit, nämlich das Recht, aber andererseits auch auf die Aufgaben der wissenschaftlich betriebenen Jurisprudenz hinweist. Diese Aufgaben bestehen darin, Kriterien bereitzustellen, mit deren Hilfe die tatsächlich aufgetretenen oder möglicherweise noch auftretenden Rechtsprobleme so rational wie möglich – und das heißt vor allem: nachprüfbar begründet – aus dem geltenden Recht gelöst werden können. (Systematische und rationale Arbeit de lege ferenda, also an der **Änderung** – und idealerweise zugleich: Verbesserung – der Gesetzeslage, ist damit durchaus verwandt, aber wegen der fehlenden Bindung an das geltende Gesetz davon doch zu unterscheiden.) Über die dafür tauglichen Argumente geben die Kriterien der juristischen Methodenlehre Auskunft. **„Recht"** muss dabei, wie noch im Einzelnen gezeigt werden wird, weit verstanden werden: Es umfasst nicht bloß die publizierten Einzelvorschriften, sondern auch die ihnen zugrunde liegenden **Zweck- und Prinzipienschichten** im Rechtssystem wie insbesondere Rechtssicherheit, Zweckmäßigkeit und Gleichbehandlung wertungsmäßig gleich gelagerter Sachverhalte („Gleichmaß", „Gerechtigkeit").

II. Die Notwendigkeit der Methodenlehre

Die Notwendigkeit geordneter und kontrollierter Arbeit am Recht zeigt sich bei seiner Anwendung auf sog **Fälle**, also Einzelsachverhalte, bzw auf **Falltypen**, an denen Rechtsprobleme wahrnehmbar werden. Sie beruht vor allem auf der unvermeidlichen Distanz zwischen konkretem Fall (oder Falltyp) einerseits und generell-abstrakten Normen andererseits, die durch vernünftige und sachlich korrekte Argumentation möglichst überbrückt werden muss. Daher ist der „Rohstoff" der Jurisprudenz nicht bloß das Recht. Zu ihm gehören vielmehr auch die rechtlich relevanten Sachverhalte einschließlich der „generellen Tatsachen des Normbereichs", zB die Hilfsbedürftigkeit des Kleinkindes, die arbeitsteilige Organisation der Wirtschaft oder die Knappheit erschwinglichen Wohnraums.

Eine leider nicht seltene Quelle juristischer Probleme sind sachliche, systematische oder sprachliche **Fehler des Gesetzgebers**. Diese sind durch Sorgfalt zwar reduzierbar, in der Praxis aber nicht ganz vermeidbar; insbesondere dann nicht, wenn die politisch-ideologischen Elemente oder der „Kuhhandel" (etwa zwischen Parteien oder Sozialpartnern) in der Gesetzgebung stark in den Vordergrund treten: Unterschiedliche Lobbys werden bei einer Gesetzesnovellierung gleichermaßen bedient, was zu Widersprüchen führt, oder werden durch kompromisshafte – und daher schwammige – Formulierungen besänftigt, mit denen zunächst jede Seite leben kann (bis die Norm erstmals in einem konkreten Fall anzuwenden ist).

Ziel der juristischen Arbeit ist die bestmöglich begründete Auffindung einer Rechtsregel, die dem Problemsachverhalt näher ist als die zunächst vorfindliche positive Ausgangsnorm und die das gerade gestellte Fallproblem entscheidet. In Bezug auf dieses Problem muss die gefundene Regel also konkreter sein als die Gesetzesschicht. Beispiele folgen sogleich; auch dafür, dass noch so genaue Kenntnis der Gesetzestexte für die juristische Arbeit nicht ausreicht.

Das Grundmodell der juristischen Arbeit sieht wie folgt aus: Die für das Sachproblem möglicherweise relevanten Teile des Rechts werden mit dem problematischen Teil des Sachverhalts methodisch geordnet zusammengefügt. Dadurch soll die problemlösende Regel gewonnen (abgeleitet) werden.

Der erste Schritt zu einer rational betriebenen Rechtsgewinnung ist daher stets die bestmögliche **Feststellung des zu beurteilenden Sachverhalts** im Hinblick auf die möglicherweise anzuwendenden Rechtsnormen und die analytische Herausarbeitung der rechtlich relevanten, vor allem der problematischen Fallelemente. Auf diese sind sodann die – möglicherweise – relevanten Rechtsnormen in methodisch geordneter Weise mit entweder positivem oder negativem Ergebnis anzuwenden.

> *Dazu ein* ***Beispiel:*** *Bei einem Schadensfall prüft man regelmäßig anhand des § 1295 ABGB, ob die in dieser Norm vorgesehenen Tatbestandselemente vollständig erfüllt sind. Der als „Beschädiger" Beklagte haftet eben nur dann, wenn er dem Kläger* ***rechtswidrig und schuldhaft einen Schaden zugefügt****, dh verursacht hat. Ist dem Schädiger etwa kein Verschulden vorzuwerfen, weil er die Vase des Klägers aufgrund eines plötzlichen, unerwarteten und unkontrollierbaren Anfalls zerbrochen hat, ist das Ergebnis in Bezug auf § 1295 ABGB negativ; also keine Haftung.*

Diese analytische Annäherung zwischen den Elementen des Problemsachverhalts und den in Betracht kommenden Rechtsnormen ist die rational unentbehrliche „Urmethode", ohne die es bei einer gefühlsmäßig-generellen, also bloß intuitiven Würdigung nur vage erfasster Gesamtsachverhalte bleiben müsste. Die Teilbeurteilungen der einzelnen Teilprobleme sind anschließend im Hinblick auf das letztlich gesuchte Gesamtergebnis zusammenzufügen. In einem ersten Schritt sind dabei auch und gerade in rechtlich wenig komplexen Fällen die in den einzelnen Rechtsgebieten bewährten **Falllösungstechniken** nützlich; im Privatrecht etwa die Methode der **„Anspruchsprüfung"**. Davon kann hier nicht mehr weiter die Rede sein. (Die wichtigsten Schritte der Fallprüfung werden heutzutage ohnehin in den anwendungsbezogenen Übungen oder Kursen der einzelnen Fächer vermittelt.) Zumindest hingewiesen soll aber darauf werden, dass es gerade in Gerichtsprozessen erster Instanz besonders wichtig ist, sich als Richterin oder Richter in einem möglichst frühen Stadium Klarheit über die (vermutlich) wesentlichen Rechtsfragen zu verschaffen. Das führt zu deutlich rascheren Verfahren, da unnötige Beweiserhebungen vermieden werden.

III. Gegenmodelle

In der Jurisprudenz war und ist vieles streitig; häufig aber zu Unrecht. So wird zB den eben skizzierten Vorstellungen über eine rationale juristische Methodenlehre unter Berufung auf die Anforderungen der Rechtssicherheit das **gesetzespositivistische Modell** einer strikten Gesetzesbindung gegenübergestellt. Dieses kann freilich überhaupt nur soweit funktionieren, wie der jeweils problemrelevante Gesetzesinhalt in seiner Anwendbarkeit auf den zu beurteilenden Sachverhalt klar und nicht bezweifelbar ist. Darüber hinaus wird anstelle der differenzierten und manchmal schwierigen juristischen Methoden bloß das „Ermessen" oder die **„Eigenwertung"** des zuständigen Richters oder eines sonstigen Beurteilungsorgans als Allzweckinstrument vorgeschlagen. Das weist den persönlichen oder gruppenspezifischen Präferenzen des amtlich zuständigen Beurteilers sogleich die entscheidende Rolle zu. Es bedeutet also den weitgehenden und vorzeitigen Verzicht auf rationale, auch für Dritte gültige oder wenigstens nachvollziehbare Begründung. Gegen ein solches (vorrangiges) Abstellen auf die Subjektivität jedes amtlich zuständigen Beurteilers spricht bereits das Zentralprinzip der Rechtssicherheit, zu der ohne Zweifel die möglichst weitgehende **Vorhersehbarkeit** der Einzelfallentscheidung gehört.

Radikale normative Erkenntnisskepsis in Verbindung mit Neigung zum **„Rechtsrealismus"** führt in eine ähnliche, ja in eine wohl noch aussichtslosere Sackgasse. Im Extremfall wird sogar bezweifelt, dass Gesetze wegen ihrer Abstraktheit jemals einen für die Anwendung auf konkrete zwischenmenschliche Sachverhalte erkennbaren Inhalt haben. Anwendbar seien vielmehr nur die Zuschreibungen eines bestimmten Inhalts zu den Gesetzestexten durch die Rechtsprechung. Diese „Zuschreibungen" müssen freilich ebenfalls durch Worte und Sätze erfolgen, die allgemeiner sein müssen als die Sachverhaltsbeschreibungen. Wieso nun aber solche sprachlichen „Zuschreibungen" im Gegensatz zum Gesetzestext selbst sehr wohl einen erkennbaren Inhalt haben sollen, bleibt unverständlich.

Verfehlt ist es auch, wenn von manchen die juristische Methodenlehre als wertlos erachtet wird, weil sich der Anwender angeblich die von ihm herangezogene Methode aus den später zu besprechenden einzelnen methodischen Kriterien frei oder womöglich gar schon mit Blick auf ein von ihm gewünschtes Ergebnis aussucht. Dass ein solches unseriöses Vorgehen im Einzelfall tatsächlich vorkommt, kann selbstverständlich kein Argument gegen die Beachtlichkeit methodischer Vorgaben sein.

Zum dafür vorgetragenen Argument des Fehlens einer klar und dauerhaft fixierten **Rangordnung der Methoden** wird später bei Erörterung dieser Frage näher Stellung genommen (siehe dazu S 109 ff). Die zutreffende Beobachtung, dass in der juristischen Arbeit am Einzelproblem keineswegs alle Methoden ausdrücklich „durchprobiert" werden, erklärt sich keineswegs aus deren allein vom Wunschergebnis bestimmtem Ansatz, sondern – neben den begrenzten Zeitressourcen und Effizienzerwägungen – völlig zureichend daraus, dass in vielen Fällen die Unergiebigkeit bestimmter Methoden von vornherein evident ist oder dass bestimmte Methoden offenbar für die Lösung ausreichen. Oft wird überhaupt keines der Auslegungskriterien ausdrücklich diskutiert, sondern nur unter Berufung auf bereits vorliegende Lehre und Rechtsprechung argumentiert. In diese sind aber die methodischen Argumente idealerweise bereits früher eingegangen.

Unhaltbar ist auch die Vorstellung (bzw der Vorwurf), dass jeder Beurteiler von vornherein ein bestimmtes Ergebnis wünscht und unverrückbar anstrebt. Die Erfahrung der Juristen lehrt, dass das Ergebnis in heiklen Fällen oft sogar nach schon ziemlich weitgehender Abwägung der Pro- und Kontra-Argumente für die verschiedenen möglichen Lösungen auch subjektiv offen ist. Stellt sich tatsächlich vorweg eine Tendenz zu einer bestimmten Lösung ein, so beruht das beim erfahrenen Juristen auf zunächst unreflektierter Globalanwendung seiner Rechtskenntnisse („Judiz") und bedarf stets sorgfältiger kritischer **Selbstprüfung**, die nicht selten zur Änderung der ursprünglichen Tendenz führt.

Immer wieder anzutreffen ist auch die Behauptung, dass man an die Stelle der Methodenlehre das positivierte **Verfassungsrecht** setzen müsse. Die bekannten Verfassungen enthalten jedoch **keinerlei methodische Maximen**, sodass sie dort bloß freihändig „hineingelesen" werden könnten. Auch bedarf die Verfassung wie jede andere von Menschen geschaffene und formulierte Rechtsmaterie selbst der Auslegung und der Ergänzung. Angesichts dieser

Tatsachen bleibt unklar, was die Empfehlung, die Methodenlehre durch die Verfassung zu ersetzen, bedeuten soll. Überhaupt folgen die methodischen Kriterien nicht aus positiven Setzungen welcher formellen Rechtsstufen auch immer, sondern aus den Fundamentalgrundsätzen der **„Rechtsidee“**, nämlich **Gerechtigkeit, Rechtssicherheit und Zweckmäßigkeit**. Das zeigt auch die rechtswissenschaftliche Erfahrung von Jahrtausenden bei der Anwendung dieser Prinzipien auf die realen Eigenschaften positiven Rechts (Sprachlichkeit, Kontextabhängigkeit, historische Entstehung, typische Ausrichtung an vernünftigen Zwecken und anerkannten Wertungen). Ausdrückliche Gesetzesregeln wie die §§ 6 und 7 ABGB, die knappe Anordnungen zum methodischen Vorgehen bei der Rechtsanwendung („Rechtsgewinnung“) enthalten, können durchaus verdeutlichend wirken. Anordnungen dieser Art sind aber letztlich entbehrlich, wie fast alle anderen Rechtsordnungen und ihre rechtswissenschaftliche Behandlung zeigen, die solche Normen nicht enthalten (wie zB die deutsche).

Einen – wenn auch sehr beschränkt – zutreffenden Kern haben die „Gegenmodelle“ allerdings. So ist es erfahrungsgemäß richtig, dass manche Rechtsfragen auch mit aller methodischen Anstrengung aus dem Recht nicht mit zureichender Schlüssigkeit beantwortet werden können, etwa in zugespitzten Grenz- und Zweifelsfällen und besonders im Rahmen von vagen gesetzlichen **Generalklauseln,** die sich etwa auf „gute Sitten“, „gröbliche Benachteiligung“ oder „Angemessenheit“ zurückziehen. Die vielfach vertretene Behauptung, dass jedes rechtliche Problem **bloß eine richtige Lösung** habe, ist daher empirisch nicht verifizierbar und wertlos, solange man diese richtige Lösung nicht durch eine rechtlich zumindest relativ bessere Begründung ermitteln kann. Schon theoretisch ist die Behauptung in ihrer generellen Form uneinlösbar: Man muss sich nur bewusst machen, dass die rechtlichen Argumente unüberbrückbar in verschiedene Richtungen deuten können.

Ein (vereinfachtes) ***Beispiel:*** *Zum Schutz vor Übereilung sieht das Gesetz (§ 1346 Abs 2 ABGB, § 766 BGB, Art 493 OR) für die Wirksamkeit einer Bürgschaftsübernahme die Unterschrift des Bürgen vor. Für den Schuldbeitritt ist nichts dergleichen angeordnet. Soll dieser formfrei wirksam sein; auch dann, wenn er zu Sicherungszwecken erfolgt, also die gleiche Funktion wie die Bürgschaft erfüllt, und (zumindest) die gleiche Über-*

eilungsgefahr besteht? Hier steht das Argument aus dem Wortlaut dem aus dem Zweck diametral entgegen.

Richtig und wichtig ist also, dass man zunächst so intensiv und sorgfältig wie möglich aus mehreren denkbaren **(„Denken in Alternativen"!)** nach der am besten begründeten Lösung zu suchen hat, statt sogleich in die Eigenwertung zu flüchten. Die bloße Existenz gegenläufiger Argumente an sich braucht dabei noch nicht zur Resignation zu führen, weil es in der Regel möglich ist, für eine bestimmte Lösung doch zumindest überwiegende, also **stärkere Argumente** aufzufinden als für die Gegenmeinungen, die durchaus auch „etwas", aber verhältnismäßig weniger Gewichtiges für sich haben mögen.

Bleibt die Pattstellung der Argumente aber tatsächlich einmal unauflösbar, so könnte ein Rechtswissenschaftler resignieren (und je nach Temperament seinen Manuskriptentwurf in der Schreibtischlade verschwinden lassen oder laut nach dem Gesetzgeber rufen). Diese Auswege bestehen dann nicht, wenn – wie insbesondere in einem Gerichtsverfahren – eine Entscheidung zwingend getroffen werden muss. Dann kann die endgültige Würdigung allerdings nur noch durch **„richterliche Eigenwertung"** erfolgen; jedoch legitimerweise bloß in dem Rahmen, der zunächst durch rationale Argumente erarbeitet wurde, also in einem letzten Schritt. Die „Eigenwertung" ist vom Standpunkt einer rationalen, wissenschaftlichen Jurisprudenz aus ja **nur durch ihre Unvermeidlichkeit legitimierbar,** wenn und soweit diese vorliegt. Die intellektuelle Anstrengung methodischer rechtlicher Argumentation darf man sich also nicht von vornherein ersparen wollen.

Damit wird keineswegs behauptet, dass dies faktisch nicht doch – aus welchen Gründen auch immer – manchmal geschieht. Damit ist aber insbesondere die Pflicht des Richters als des Prototyps des rechtlichen Beurteilers zur möglichst intensiven Begründung seiner Entscheidung verletzt, nicht aber ein nachahmenswertes Gegenmodell aufgezeigt. Der erfahrene „Kadi", der primär aus der Tiefe seiner eigenen Weisheit schöpft und deren Ergebnisse den Rechtssuchenden ohne weitere Begründung auferlegt, wäre ein unglaubwürdiges Leitbild, so gut Lebensklugheit und Verständnis für das Menschliche selbstverständlich auch heutigen Richtern anstehen. Heutzutage sind Richter jedoch selbst bei musterhafter Begründung ihrer Entscheidungen nicht selten Anfeindungen von mindestens einer Seite ausgesetzt. Sie sollten dem nicht durch vorzeitige „Eigenwertung" Vorschub leisten, weil eine solche im „Verlierer" in noch stärkerem Ausmaß den Verdacht der Verletzung der Unabhängigkeit und Unparteilichkeit erwecken kann. Die juristische Erfahrung mit gehaltvoll begründeten juristischen Problemlösungen zeigt jedenfalls, in wie weitem Umfang bei methodisch bewusstem Vorgehen rationale Lösungen von Rechtsfragen möglich sind. Sie finden wohl am ehesten unter neutralen Sachkundigen breite Zustimmung. Den Beifall des im Prozess Unterlegenen wird man freilich auch bei noch so sorgfältiger und methodisch sauberer Begründung nicht erlangen können.

IV. Methodenlehre für die Rechtsanwendung überhaupt oder für einzelne Rechtsgebiete?

In allen Rechtsgebieten wird die Rechtsanwendung vor grundsätzlich gleichartige Probleme der Überbrückung von generell-abstrakter Norm und konkretem Sachverhalt gestellt. Man sollte daher nach wie vor im Sinne der herrschenden Ansicht von prinzipieller **Einheitlichkeit der juristischen Methodenlehre** ausgehen. Das wird nicht zuletzt dadurch bestätigt, dass eine relativ weitgehende Teilkodifikation der juristischen Methodenlehre zwar (nur) im (österreichischen) Privatrecht, nämlich in den §§ 6 ff ABGB enthalten ist. Diese Regeln sind nach allgemeiner Meinung aber auch in den anderen Rechtsgebieten maßgebend. Sie enthalten in der Tat keine positivgesetzlichen Zufälligkeiten einer bestimmten Rechtsmaterie, sondern sind in der Sache und in der „Rechtsidee" begründet. Rechtsvergleichend betrachtet sind solche „Methodennormen" singuläre Erscheinungen (siehe etwa noch Art 1 Schweizer ZGB, der bei Fehlen einer gesetzlichen Vorgabe das Gericht dazu aufruft, nach einer Regel zu entscheiden, die es selbst als Gesetzgeber aufstellen würde).

Das Privatrecht hat jedoch das umfassendste und differenzierteste Methodeninstrumentarium aufzuweisen. Im Laufe der Rechtsentwicklung haben sich nämlich für manche Rechtsgebiete doch gewisse methodische Besonderheiten ergeben, die auch kritischer

Reflexion standhalten. Sie bestehen aber im Wesentlichen nur im Weglassen oder in der besonderen Akzentuierung einzelner Methoden aus dem umfassenden Repertoire.

> ***Beispiel:*** *Eine der berühmtesten Besonderheiten ist das im Strafrecht geltende* ***Verbot von Analogien zulasten des Beschuldigten*** *(siehe § 1 StGB). Straftatbestände dürfen also nicht erst durch Analogieschluss (oder sonstige ergänzende Rechtsfortbildung) statuiert werden (Rechtfertigungs- oder Schuldausschließungsgründe hingegen sehr wohl), weil der Grundsatz „nullum crimen, nulla poena sine lege" (kein Verbrechen und keine Strafe ohne Gesetz) gilt.*

Gefordert ist also eine im Zeitpunkt der Tatbegehung bereits geltende, strafandrohende Regel. Das ist freilich keine historische oder gar naturgesetzliche Selbstverständlichkeit, sondern erklärt sich in einem entwickelten Rechtssystem daraus, dass der Fundamentalgrundsatz der Rechtssicherheit dort besonders hoch bewertet wird, wo es um einen mit sozialer Missbilligung verbundenen staatlichen Eingriff in die Rechtsgüter des Individuums geht. Der Täter muss bei der Begehung seiner Tat daher zumindest wissen können, dass dieses Verhalten mit Strafe bedroht ist.

Eine ähnliche Beschränkung sollte konsequenterweise im Bereich der (staatlichen) **„Eingriffsverwaltung"** gelten, weil auch hier jedenfalls der Gedanke der Sicherung der Rechtsgüter des Einzelnen gegen Eingriffe der Zentralgewalt besondere Bedeutung hat. Für das Verfassungsrecht werden von manchen besonders formalistisch-starre, von anderen besonders großzügig-unbegrenzte Auslegungstendenzen vertreten. Anzuerkennen ist aber nur die Besonderheit, dass in staats- und parteipolitisch sehr umstrittenen Rechtsgebieten zur Wahrung des Rechtsfriedens eher formale Kriterien wie Wortlaut und historische Argumente Vorrang haben sollten. Exemplarisch dafür ist die oft nur ideologisch erklärbare Kritik an brisanten Entscheidungen der Verfassungsgerichte (etwa im Jahre 2017 des österreichischen VfGH zur „Ehe für alle"). Gerichte müssen aber eben auch politisch heikle Fragen entscheiden, wenn sie angerufen werden.

(Umgekehrt kann ein in letzter Instanz zur Entscheidung berufener Gerichtshof – wie jedes andere Gericht – mit seiner Rechtsmeinung durchaus einmal daneben liegen. Damit ist, da jedes Verfahren irgendwann einmal zu Ende sein muss, allerdings nur der konkrete Streitfall entschieden, was von den beteiligten Parteien hinzunehmen ist. Nicht ausgeschlossen ist hingegen, das Gericht bei nächster Gelegenheit mit Hilfe [vermeintlich] überzeugender Argumente zum Abgehen von der [vermeintlich] unrichtigen Position zu bewegen. Mängel in der Argumentation von Höchstgerichten aufzuzeigen, ist eine wichtige Aufgabe der Rechtswissenschaft. Dies sollte allerdings aus eigenem Antrieb erfolgen, nicht aufgrund finanzieller Anreize durch Auftraggeber, die an einem ganz bestimmten Ergebnis interessiert sind. Die Entwicklung geht nach meinen Beobachtungen in den letzten Jahren aber leider in die falsche Richtung, was dem Image unserer gesamten Zunft Schaden zufügt.)

In manchen Rechtsgebieten, etwa im Kartell- und im Steuerrecht, wird unter dem Titel **„wirtschaftliche Betrachtungsweise“** eine intensive zweckbezogene Auslegung propagiert; insbesondere um in raschem Fluss befindliche Rechtsmaterien nicht zu sehr auf Gesetzesformulierungen zu fixieren, die aktuell für die spezifischen Zwecke unzureichende Begrifflichkeiten aufweisen. Wenn man die „wirtschaftliche Betrachtungsweise“ (die als solche rechtlich überhaupt nichts besagt) nicht als Deckmantel für Beliebigkeit verwendet, sondern die eigentlich maßgebenden Zwecküberlegungen herausarbeitet, kann dies **im Rahmen der teleologischen Auslegung** (dazu S 43 ff) methodisch durchaus legitim sein. Einseitigkeiten sind hingegen generell abzulehnen.

B. Die Auslegung (im engeren Sinn)

I. Die wörtliche („grammatische") Auslegung

1. Vorklärungen

Üblicherweise werden **mehrere** – meist vier bis fünf – **Interpretationsmethoden** oder „Kanones" der Auslegung unterschieden, wobei die Einteilungen und vor allem die Untergruppierungen vielfach voneinander abweichen. Am zweckmäßigsten erscheint die jetzt folgende Unterscheidung, weil sie auf einem greifbaren und praktisch bedeutsamen Merkmal aufbaut, nämlich auf dem **„Auslegungsmaterial"**, das für die konkret auszulegende Norm aufzufinden ist, um die gestellten Probleme mit Aussicht auf Erfolg angehen zu können. Aus der interpretationsbedürftigen Gesetzeslage allein lässt sich ja selbstverständlich nicht mehr entnehmen, als darin enthalten ist; einschließlich der gestellten Auslegungsfragen. Um diese zu lösen, bedarf es zusätzlicher Prämissen. Der reduktionistische Blick „bloß auf das Gesetz" hilft daher gar nichts, wie sich sogleich exemplarisch zeigen wird. Im Folgenden sollen die einzelnen Methoden der Jurisprudenz zunächst getrennt besprochen und mit Hilfe von Beispielen anschaulich gemacht werden. Von den Vorrangverhältnissen und der zusammenfassenden Heranziehung in schwierigen Fällen wird sinnvollerweise erst anschließend (S 109 ff) die Rede sein.

2. Das Demonstrationsbeispiel

Wegen seiner einfachen Darstellbarkeit und Variationsfähigkeit (also nicht primär wegen besonderer Wichtigkeit) wird in der Folge möglichst weitgehend ein ***erbrechtlicher Sachverhalt als Beispiel*** verwendet, der die Anwendung und zuvor die Auslegung von § 578 Satz ABGB erfordert: Dort (ähnlich etwa in Art 505 ZGB, während § 2247 BGB das Unterschriftserfordernis präzisiert) ist für die **Gültigkeit eines privatschriftlichen** (zeugenlosen) **Testaments** vorausgesetzt, dass der Testator
a) den Text eigenhändig geschrieben und
b) mit seinem Namen
c) eigenhändig unterschrieben hat.

Diese Vorschrift ist an sich sehr einfach und klar verständlich. Jedoch wirft sie in Bezug auf bestimmte Fallkonstellationen einige Auslegungsfragen von unterschiedlichem Schwierigkeitsgrad auf. Sie sollen in der Folge näher erörtert werden.

3. Das Auslegungsmaterial

Auf der wörtlichen Stufe der Auslegung ist das hier heranzuziehende Auslegungsmaterial wenig überraschend oftmals die allgemeine Spracherfahrung, die der Beurteilende an die anzuwendende Norm und den verbal beschriebenen Problemsachverhalt heranträgt. Manchmal hat der Gesetzgeber durch **„Legaldefinitionen"** die Begriffe der anzuwendenden Norm (wie etwa „Sache", „Besitzer" oder „Kaufvertrag") präzisiert, was freilich wieder eigene Auslegungsfragen aufwerfen kann und schon deshalb nur beschränkt hilfreich ist. Gewöhnlich ist man aber bezüglich der gesetzlichen Worte und Sätze auf den allgemeinen Sprachgebrauch verwiesen, der häufig nur ein überwiegender Sprachgebrauch ist. Bei Normen, die sich praktisch vor allem an bestimmte Bevölkerungsgruppen richten, zB an die Jäger oder an die Kaufleute, hat deren speziellerer Sprachgebrauch Vorrang. Daher spricht auch bei den Gesetzen der „klassischen" Rechtsbereiche, wie Zivil-, Straf- oder Prozessrecht, die weitestgehend auf die Vermittlung durch Juristen angewiesen sind, die Vermutung für die Maßgeblichkeit eines etwa vorhandenen **speziell rechtstechnischen Sprachgebrauches.**

> ***Beispiel:*** *„Vertreter" ist dann nicht derjenige, der unterwegs ist, um etwas an die Frau oder den Mann zu bringen, sondern der als Stellvertreter [= Bevollmächtigter] Handelnde, sofern der Kontext, in dem das Wort „Vertreter" verwendet wird, keine deutlichen gegenteiligen Hinweise enthält.*

4. Der einfache Fall und die schlichte Subsumtion

Auch bei einfach gelagerten Fällen oder Fallelementen, die es in der Rechtswissenschaft glücklicherweise in großer Zahl gibt – was aber von hochtheoretischen Standpunkten aus häufig vergessen wird –, kann man insoweit von „Auslegung" sprechen: Das Ergebnis, der vorliegende Sachverhalt sei der anwendbaren Regel in ihrem Tatbestand (also in ihren Voraussetzungen) ohne alle Schwierigkeiten zuzuordnen (zu subsumieren), sodass die Rechtsfolge der Vorschrift ohne weiteres eintritt, entsteht ja nicht von selbst. Es bedarf jedenfalls einer Beurteilung, die hier freilich sehr einfach durch schlichte **Deduktion** (**Subsumtion** im Rahmen eines sog **Syllogismus**) erfolgt. Das Schema ist folgendes: Die maßgebende Rechtsregel (hier: § 578 ABGB) bildet mit ihren Tatbestandsmerkmalen (eigenhändig, Name, Unterschrift) den **Obersatz**, der zu beurteilende Sachverhalt (über den die Konfliktparteien – im Regelfall der vermeintliche Testamentserbe und der vermeintliche gesetzliche Erbe – trotz seiner rechtlichen Einfachheit streiten, etwa weil sie über die Tatsachen- und die Beweislage unterschiedlicher Meinung sind), so wie er gerichtlich festgestellt wurde, den **Untersatz**. Der Sachverhalt ist zweckmäßigerweise so zu beschreiben, dass nur die vermutlich rechtlich relevanten Elemente genannt werden, also zB nicht der Beruf oder die Religionszugehörigkeit der Beteiligten.

Entsprechen nun die abstrakteren Begriffe der Rechtsnorm den konkreteren Begriffen des Sachverhalts, sodass die letzteren als Unterbegriffe der ersteren erscheinen, ist die Deduktion vollzogen und die Rechtsfolge der Norm (hier: die Formgültigkeit des Testaments) als Schlusssatz abgeleitet.

> ***Beispiel:*** *Es wurde festgestellt, dass Josef Navratil mit Bleistift auf einer herausgerissenen Heftseite geschrieben hat: „Nach meinem Tod soll mein Vermögen an Johanna Pospischil fallen." Darunter hat er unterschrieben mit „Josef Navratil".*

Da mehr an „eigenhändigen", individuell-handschriftlichen Schriftzeichen und mehr an Namensunterschrift als Vor- und Zuname nicht denkbar sind, also die Normbegriffe sogar im engstmöglichen Verständnis verwirklicht sind, ist die Subsumtion unmittelbar unter die vorliegende gesetzliche Regel ohne jede Schwierigkeit möglich. Das Testament von Josef Navratil ist (unter dem hier allein interessierenden Formaspekt) gültig. Der benötigte individuelle Rechtssatz ist somit abgeleitet. Für einen ganzen Falltyp ist die Lösungsregel gewonnen, wenn man die Sachverhaltsmerkmale allgemeiner fasst und somit Handschrift des Testators mit beliebigem Schreibwerkzeug sowie Unterfertigung mit dem Vor- und Familiennamen des Testators zur Beurteilung stellt.

Dass die Papierqualität des Dokuments im Beispielsfall sehr alltäglich beschaffen ist, dass Bleistifttexte radiert werden können und dass Ort und Zeit der Testamentserrichtung fehlen, ist kein Einwand: Gehobene oder überhaupt irgendeine Papierqualität sowie ein bestimmtes Schreibwerkzeug wird von den gesetzlichen Tatbestandsmerkmalen nicht verlangt, die Angabe von Ort und Zeit wird in § 578 Satz 2 ABGB ausdrücklich bloß als ratsam, aber als nicht notwendig erwähnt. Das hat offenkundig bloß klarstellende Bedeutung; rechtlich genügt das Fehlen eines entsprechenden Gültigkeitserfordernisses. (Zur Beweislast bei bestrittener Echtheit der Unterschrift bzw der in der Urkunde enthaltenen Erklärungen siehe für Österreich vor allem die §§ 294 und 312 ZPO.)

Hat den Text hingegen ein vom Testator herangezogener Freund geschrieben und Herr Navratil bloß unterschrieben, so ergibt sich mit derselben Deutlichkeit, dass die Subsumtion des Falles unter die anwendbare Rechtsregel nicht möglich ist. Ein solches Testament ist daher nach § 578 ABGB formungültig.

Dass derartige Deduktionen möglich sind und täglich unzählige Male mehr oder weniger explizit vorgenommen werden, beweist die Unrichtigkeit von Behauptungen über die Unmöglichkeit der logischen Ableitung aus generellen Normen auf engere Sachverhalte.

Das erörterte einfache Beispiel zu § 578 ABGB zeigt überdies, dass einfache Deduktion nicht etwa allein aus numerischen Begriffen in Rechtsnormen möglich ist. Für die Unterscheidung einfacher Fälle oder Fallelemente von schwierigeren gibt vielmehr ein anderer Ansatz die entscheidende Orientierung; nämlich die Unterscheidung von **„Begriffskern“** und **„Begriffshof“** sowie selbstverständlich, meist unausgesprochen, einem Bereich jenseits der möglichen Anwendung des Begriffs. Maßgebend ist der allgemeine Sprachgebrauch. Der „Begriffskern“ erstreckt sich auf alle Objekte, die praktisch jeder Sprach- und Sachkundige als Anwendungsfälle des Begriffs behandelt bzw sich vorstellt (so unterfallen zB Rinder, Schweine und Schafe ohne Zweifel dem Begriff „Vieh“). Zum „Begriffshof“ zählen die Objekte, auf die in der Sprachgemeinschaft der betreffende Begriff manchmal erstreckt wird, manchmal aber auch nicht (zB Hühner, gezüchtetes Damwild, Reitpferde). Hier stellen sich die eigentlichen Auslegungsprobleme. In diesem Bereich ist die

Subsumtion des Problemsachverhalts daher erst nach aufwändiger Lösung der Auslegungsfrage, also nicht mehr „allein aus dem Gesetz", möglich. Die subsumtionsfähige konkretere Regel muss erst erarbeitet werden. Jenseits auch des Begriffshofs – so ist etwa ein Zooelefant auch bei weitem Wortverständnis kein „Vieh" – scheidet („unmittelbare") Anwendung der auszulegenden Vorschrift zunächst aus. [UU ist aber, wie sich noch zeigen wird, **analoge** Anwendung möglich.] Das Beispiel des nach dem Diktat des Erblassers schreibenden Freundes überschreitet zB jede sprachlich denkbare Variation von „eigenhändig", liegt also auch außerhalb des „Begriffshofs".

Die durch schlichte Subsumtion erledigte Fallvariation ist wie gezeigt deshalb so einfach, weil die gesetzlichen Voraussetzungen auch in ihrem jeweiligen engsten Verständnis, also in ihrem „Begriffskern", die Merkmale des Falles umfassen. Jedoch ist auch in zunächst ganz klar erscheinenden Situationen zur bestmöglichen Vermeidung von Fehlern eine Art **„Gegenprobe"** dahin geboten, ob das einfach erzielte Ergebnis nicht bei einem zunächst globalen Blick auf die Zweck- und Prinzipienschichten des Rechts den Verdacht erweckt, durch Prinzip-, System- oder Sachwidrigkeit gegen die fundamentalen Grundsätze der „Rechtsidee" zu verstoßen. Das ist beim obigen Beispiel gewiss nicht der Fall. Wo es aber zutrifft, erweist sich, dass mit schlichter Subsumtion nicht auszukommen ist.

Variiert man nun den einfachen Sachverhalt ein wenig in verschiedene Richtungen, so zeigt sich sofort, wie viele Auslegungsfragen selbst eine so klare und überzeugende Norm wie § 578 ABGB in den „Begriffshöfen" ihrer Tatbestandsmerkmale enthalten kann.

Beispielvarianten: *Genügt „schreiben" im Stenogramm oder in kyrillischer Schrift? Reicht ein vom Testator selbst, aber mit Hilfe einer Schreibmaschine oder eines Computers angefertigter Text? Genügt die Unterfertigung bloß mit dem Familiennamen, bloß mit dem Vornamen, mit einem Spitznamen oder Pseudonym oder gar mit einer Verwandtschaftsbezeichnung („Euer Vater")? Reicht es, wenn der eigenhändige Namenszug des Erblassers in der Einleitung des Testaments steht (zB Überschrift „Testament von Josef Navratil"), während sich am Ende nur die Schlussformel „Das ist mein letzter Wille" findet?*

Bei einigen dieser Fragen kann man auf der sprachlichen Ebene vielleicht in die eine oder andere Richtung mit einem überwiegenden Sprachgebrauch (zB des Ausdrucks „unterschreiben") argumentieren; allein damit kommt man aber wohl kaum einmal zu einer klaren und systematisch überzeugenden Lösung. Es bedarf daher jedenfalls weiterer Argumente entsprechend den folgenden Auslegungsmethoden. Die sprachliche Analyse bleibt aber jedenfalls immer für die genauere Problemerfassung wichtig, durch die man die unterschiedlichen möglichen Begriffsbedeutungen und damit die jeweilige Auslegungsfrage präzisiert. So lässt sich dem banalen, weiten Verständnis von „eigenhändig" als „mit eigener Hand" die engere Bedeutung „mit eigenen, daher individuell geprägten Schriftzeichen", also handschriftlich, gegenüberstellen. Dass beides denkbar ist, lehrt die Spracherfahrung. Wenn man etwa sagt: „Die Sekretärin von X ist krank; er musste diesen Brief daher eigenhändig tippen" meint man eindeutig und verständlich die weitere Bedeutung. Wenn man hingegen sagt: „Mir hat die berühmte Y sogar einen eigenhändigen Brief geschrieben", meint man offensichtlich die engere. Wem zunächst nur die weitere Bedeutung einfällt und wer sie durch einfache Subsumtion zur Geltung bringen will, könnte leicht in die Irre gehen und den Zweck der Formvorschrift ganz verfehlen. Die schon erwähnte „Gegenprobe" soll solche Fehlergefahren vermeiden. Man kann nicht korrekt interpretieren, ohne sich zunächst die sprachlich möglichen Begriffsbedeutungen vergegenwärtigt zu haben. Wiederum zeigt sich, dass in der Juristerei **Denken in Alternativen** gefragt ist.

II. Die systematisch-logische Auslegung

1. Das Auslegungsmaterial

Der erste Blick gilt immer der unmittelbar auszulegenden, weil (möglicherweise) anzuwendenden Regel. Das reicht aber häufig nicht aus. Vielmehr ist auch der explizite Inhalt anderer Vorschriften des gleichen, uU aber auch eines anderen Gesetzes zu berücksichtigen, das mit der auszulegenden Norm in einem **systematischen Zusammenhang** steht, soweit dies Aufschluss für das anstehende Problem verspricht. Dieser Zusammenhang kann sich schon aus der äußerlichen Aufeinanderfolge mehrerer Regeln ergeben: Wenn die Miete im Schuldrecht geregelt ist, kann es sich bei ihr – zumindest grundsätzlich – um kein dingliches Recht handeln, da dieses in das Sachenrecht gehört. Sachmängel sind nicht einfach nach den Regeln über die Nichterfüllung zu beurteilen, da unmittelbar nach diesen (§§ 918 ff ABGB) gesondert (und damit spezieller) die Gewährleistung für Sachmängel (§§ 922 ff ABGB) angeordnet ist. Systematische Zusammengehörigkeit kann jedoch – sogar bei im Gesetz weit voneinander entfernten Regeln – auch daraus folgen, dass sich die zur Auslegung heranzuziehenden Regeln ganz oder teilweise auf denselben Sachverhalt beziehen wie die auszulegende Vorschrift. Dabei muss die allgemeine Erfahrung über die Darstellung komplexer Gedankeninhalte und daher komplexer Texte in der menschlichen Kommunikation, insbesondere beim Aufbau von Rechtssystemen, mitberücksichtigt werden.

2. Beispiele

Zur bereits erwähnten Fallvariante einer Unterschrift mit dem Spitznamen oder Pseudonym (zB „Schneckerl“ für einen populären früheren österreichischen Fußballer – nunmehr bekannt als Analytiker beim Fernsehen mit Problemen beim dritten und vierten Fall) liefert § 43 ABGB ein wertvolles systematisches Pro-Argument (= reicht als Name im Sinne des § 578 ABGB aus), da diese Norm den Schutz des Namensrechts durch Unterlassungs- und Schadenersatzansprüche ausdrücklich auf den durch faktische Übung erworbenen „Decknamen“ erstreckt. (Unergiebig sind dagegen die Vorschriften, die den Erwerb des „eigentlichen“ Namens regeln, weil sie über den Spitz- oder den Künstlernamen gerade nichts besagen.) Damit ist rechtlich anerkannt, dass über den amtlichen Namen hinaus auch die „bloß“ verkehrsübliche Benennung für den Betreffenden bedeutsam sein kann und daher rechtlich voll geschützt ist. Warum der „Deckname“ dann beim eigenhändigen Testament nicht als Identifizierungsmittel und Unterschriftsformel ausreichen sollte, wäre nicht verständlich. Der andere Sachkontext (Testamentsgültigkeit hier, Namensschutz dort) ändert an dieser Überlegung nichts. Dass der „Deckname“ sprachlich als „Name“ in Betracht kommt, bringt das Wort unmittelbar zum Ausdruck, auch wenn im unstreitigen Kernbereich dieses Begriffs nur der „offizielle“ Vor- und Nachname liegt, sodass erst das systematische Argument den Ausschlag gibt. Relevante teleologische oder prinzipielle Bedenken sind nicht ersichtlich.

Das globale Gegenargument, dass doch eigentlich jeder klar geäußerte letzte Wille des Erblassers maßgebend sein sollte, sodass es etwa auf die Art der Unterschrift gar nicht ankäme, wäre dagegen ganz untauglich, weil es der zweifellos vom geltenden Recht geforderten Testamentsform überhaupt widerspricht (zum einleuchtenden historischen Hauptzweck dieses Erfordernisses – Gewissheit über die Echtheit und Verbindlichkeit der Willenserklärung des Erblassers – noch später auf S 38 ff.

Zur jetzt besprochenen systematischen Auslegung gehören auch die bekannten Regeln zur Lösung von vermeintlichen Normkollisionen, nämlich die Regeln vom **Vorrang der spezielleren Vorschrift** (lex specialis) gegenüber der allgemeineren (lex generalis) sowie vom **Vorrang der späteren** (lex posterior) vor der früheren (lex prior). Sie entsprechen der Erfahrung über den anzunehmenden Willen des Gesetzgebers und über die (daher) allgemein angenommene Bedeutung der in solcher Weise kollidierenden Regeln.

> ***Beispiel:*** *Das ABGB sieht in seinem aus dem Jahre 1811 stammenden – und bis heute nicht formell aufgehobenen – § 943 Satz 2 vor, dass der Schenkungsvertrag ohne wirkliche Übergabe des Geschenks einer „schriftlichen Urkunde“ bedarf. Im später erlassenen Notariatsaktsgesetz wird hingegen die Errichtung eines „Notariatsakts“, also einer von einem Notar stammenden Urkunde (einschließlich einer Belehrung des Schenkers über die rechtlichen Konsequenzen seines Tuns), verlangt. Zwingende Konsequenz der hier anzuwendenden Lex-posterior-Regel: Sogar eine Urkunde, die vom Schenker eigenhändig geschrieben und unterschrieben wurde, bringt – unabhängig vom Wert des Geschenks – keinen wirksamen Schenkungsvertrag zustande.*

Hierher gehört auch die Regel, wonach die Auslegung nicht dazu führen soll, dass für bestimmte Gesetzesvorschriften wegen ihres Verhältnisses zu anderen kein Anwendungsbereich bleibt, sie also überhaupt unanwendbar oder doch unnötig und daher sinnlos würden.

Beispiel: *Der Verkauf einer fremden Sache ohne Zustimmung des Eigentümers könnte auf den ersten Blick, da verboten, als gesetz- oder sittenwidrig iS des § 879 ABGB angesehen werden. Rechtsfolge wäre allerdings die Nichtigkeit des Kaufvertrags. Bei diesem weiten Verständnis des § 879 ABGB – übrigens ein klassischer Anfängerfehler – würde aber etwa § 367 ABGB unanwendbar werden. Diese Vorschrift sieht unter strengen Voraussetzungen einen gutgläubigen Eigentumserwerb des Käufers vor. Ohne wirksamen Titel (hier: Kaufvertrag) kann jedoch generell kein Eigentum erworben werden. Daher ist § 879 ABGB eng zu verstehen und bloß auf Inhaltsverbote anzuwenden. (Dass die Sache fremd ist, wird aber in aller Regel gerade nicht Vertragsinhalt, da bzw wenn der Käufer davon ausgeht, vom Berechtigten zu erwerben.)*

Abzulehnen ist ferner zB eine dem nächstliegenden sprachlichen Verständnis entsprechende, weite Auslegung von „Jedermann" bei der Schadenersatzberechtigung nach § 1295 ABGB; und zwar unter anderem deshalb, weil sie der leicht als Sondernorm erkennbaren Regel des § 1327 ABGB (Schadenersatz für Hinterbliebene wegen Tötung eines unterhaltspflichtigen Angehörigen) jeden möglichen Sinn nehmen würde. Vor allem diese Norm legt es nahe, „Jedermann" in § 1295 ABGB im Regelfall auf unmittelbar Geschädigte einzuschränken, nicht hingegen generell auch bloß „mittelbar" Geschädigten Ersatzansprüche zuzuerkennen.

Beispiel: *Wer einen Sänger verletzt, sodass dieser seinen nächsten Auftritt absagen muss, muss ihm den Verdienstentgang ersetzen; nicht aber auch dem Caterer, der wegen der Absage kein Geschäft macht.*

III. Die historische (subjektive) Auslegung

1. Der Streit um das „subjektive" oder „objektive" Auslegungsziel

Dieser von vornherein wenig ergiebige Streit ist heute im Wesentlichen überwunden. Als **„subjektiv"** wird die Suche nach der (problemrelevanten) **Absicht des historischen Gesetzgebers** bezeichnet. **„Objektiv"** ist dagegen die Ermittlung des problemrelevanten Gehaltes des Gesetzes, den man in sorgfältiger und sachkundiger Beurteilung dem kundgemachten Text des Gesetzes in seinem Zusammenhang **mit Blick auf die gegenwärtigen Verhältnisse** entnehmen kann. Tatsächlich muss man – und musste man schon immer – beide Erkenntnismöglichkeiten heranziehen, wenn man die juristische Aufgabe rational bestmöglicher, nachvollziehbarer Begründung erfüllen will. Dabei steht je nach der konkreten Problemlage einmal der eine und einmal der andere Ansatz im Vordergrund. Von Exklusivität des einen oder anderen „Auslegungsziels" sollte also nicht die Rede sein.

Was bleibt, ist in der Sache lediglich ein wichtiger Aspekt der **Vorrangfrage** unter den juristischen Methoden; besser wohl: methodischen Schritten (dazu noch später S 109 ff). Hier soll nur so viel gesagt werden: Da es um **aktuelle Rechtsanwendung** geht, muss die in der gegenwärtigen Rechtsordnung und der heutigen Rechtsgemeinschaft jeweils bestbegründbare Auslegung gesucht werden. Das schließt aber nur eine unverrückbare Fixierung auf die historische Absicht des Gesetzgebers aus, nicht hingegen deren Wichtigkeit im Zusammenspiel mit anderen Auslegungsmethoden, die einander durch ihr Rangverhältnis und ihre zusammenfassende Abwägung relativieren können.

2. Das Auslegungsmaterial

Das Auslegungsmaterial besteht bei der historischen Auslegung aus allen irgendwie aufschlussreichen **Hinweisen auf den Willen oder die Absicht „des Gesetzgebers"**, der die auszulegende Norm erlassen hat, also des seinerzeitigen („historischen") Gesetzgebers in Bezug auf das gerade anstehende Problem. Die von manchen vertretene Alternative, stattdessen generell auf den Willen und die Vorstellungen des heutigen Gesetzgebers abzustellen, scheidet häufig schon deshalb aus, weil es bei diesem in der Regel keine Hinweise auf seine Absichten in Bezug auf ältere Normen gibt. Aber auch ganz generell geht es darum, was mit der Erlassung bestimmter Normen bezweckt war. Das kann sich nur aus Äußerungen im Rahmen des konkreten Gesetzgebungsverfahrens ergeben.

Da eine Rechtsregel nicht bloß aus sprachlichen Elementen (Texten) besteht, sondern darin vielmehr ein normsetzender menschlicher Wille zum Ausdruck kommt, und weil der „objektive" Text auch im Zusammenhang vielfach vage oder mehrdeutig bleibt, ist die Heranziehung des gesetzgeberischen Willens geradezu selbstverständlich, wo ein solcher Wille feststellbar ist und bei der Lösung des jeweiligen Problems weiterhilft. (Das ist aus verschiedenen Gründen natürlich keineswegs immer der Fall.)

Für die Erforschung der Absicht des Gesetzgebers ist (über den schon durch die früheren Auslegungsstufen erfassten Gesetzestext hinaus) der **Rechtszustand vor der Erlassung der auszulegenden Norm** häufig besonders aufschlussreich, weil der Vergleich oft rasch und gut erkennen lässt, was geändert wurde. (So ist die ausdrückliche Qualifizierung von Ort und Datum des Testaments in § 578 Satz 2 ABGB als nicht erforderlich, aber ratsam, nur aufgrund des Wissens über die vorher bestandenen Auslegungsunsicherheiten verständlich.)

Historisch aufschlussreich ist auch der Vergleich des erlassenen Gesetzes mit der damals vorliegenden rechtswissenschaftlichen Literatur, wobei wissenschaftliche Äußerungen, deren Verfasser auch starken Einfluss auf die Ausarbeitung des Gesetzes gehabt haben, besonders weiterhelfen können (so für das ABGB der mehrbändige Kommentar von *Zeiller*). Der Vergleich des schließlich erlassenen Gesetzes mit vorausgehenden **Entwürfen** kann ebenfalls hilfreich sein; ebenso der generelle politische Ansatz des Gesetzes (zB Mieterschutz oder Umsetzung einer verbraucherschützenden Richtlinie der EU).

Am ergiebigsten sind aber meist die **„Gesetzesmaterialien"**, worunter man alle schriftlichen (und daher auf Dauer reproduzierbaren) Bekundungen über die Entstehung des Gesetzes von den ersten Anstößen oder Projekten über die Entwurfsarbeiten in einer Behörde oder einer fachlichen Kommission bis hin zu den Beratungen im Parlament versteht. Heute stehen etwa für Österreich die „Erläuternden Bemerkungen" bzw „Erläuterungen" zur Regierungsvorlage des betreffenden Gesetzes und uU die parlamentarischen Ausschussberichte zur Verfügung; für jedermann und gratis über das RIS (www.ris.bka.gv.at). Sie haben regelmäßig erklärenden Charakter und lassen nicht selten unmittelbar problemrelevante Meinungen oder Zwecke des Gesetzgebers erkennen, die dieser mit dem Gesetz realisieren wollte.

Ein **Zweck (Telos)** ist ein vorgestellter und gewünschter, daher zu realisierender Zustand. Die erlassene Regel ist das Mittel zu seiner Erreichung. Von den unterschiedlichen Auslegungsmöglichkeiten auf sprachlicher Ebene entspricht jene dem Zweck besser, die geeignet ist, den darin umschriebenen Zustand in größerem Umfang bzw mit größerer Wahrscheinlichkeit zu realisieren. Das lässt sich nicht mehr allein mit sprachlichen Überlegungen feststellen, sondern bedarf der Faktenanalyse hinsichtlich der voraussichtlichen *Folgen* der einen oder anderen Auslegungsvariante. Die heute oft propagierte bloße „Kosten- und Folgenanalyse" an sich, ohne dass die voraussichtlichen Folgen an bestimmten Zwecken oder Wertungen gemessen und entsprechend selektioniert werden können, hilft dagegen bei der Auslegung nicht weiter.

Die *einfache historische* Auslegung sucht die problemrelevante Meinung des Gesetzgebers über die Bedeutung seiner Rechtsbegriffe und Rechtssätze zu ermitteln, was zugleich seine problemrelevante Absicht erkennen lässt. Die häufig ergiebigere *historisch-teleologische* Auslegung fragt (auch) nach dem „Warum"; also danach, aus welchen problemrelevanten Gründen bzw zu welchen problemrelevanten Zwecken die Norm erlassen wurde.

3. Beispiel § 578 ABGB

Damit gleich wieder zum konkreten ***Beispiel:*** *Warum verlangt § 578 ABGB eigenhändiges Schreiben und Unterschreiben mit dem Namen?*

Diese Frage kann in weitem Umfang aus den Beratungsprotokollen zum ABGB beantwortet werden. Der – ohnehin naheliegende – historische Zweck des Tatbestandsmerkmales „eigenhändig" ist leicht zu ermitteln: Generell wurde bei den Beratungen vertreten, dass die „äußere Form" bei den Testamenten die **Echtheit der Willenserklärung des Verstorbenen** außer Zweifel stellen soll (*Ofner*, Der Ur-Entwurf und die Berathungs-Protokolle des Österreichischen Allgemeinen bürgerlichen Gesetzbuches I [1888] 344). Speziell zum späteren § 578 ABGB wies die Kommissionsmehrheit den Vorschlag, das privatschriftliche zeugenlose Testament wegen besonderer Fälschungsgefahr überhaupt abzuschaffen, in Ablehnung eines übermäßigen Formalismus zulasten rechtsunkundiger Bürger zurück; dies vor allem mit dem Argument, dass es äußerst schwierig sei, die Handschrift (!) in einem aus mehreren Zeilen bestehenden Testament unerkennbar nachzumachen (*Ofner* I 347). Daraus geht einerseits die Meinung hervor, „eigenhändig" bedeute „handschriftlich", und andererseits als Zweck des Merkmals „eigenhändig" die generelle gute Überprüfbarkeit der Echtheit anhand der Urkunde (durch Schriftenvergleich, falls nötig mit Hilfe eines graphologischen Sachverständigen).

Erst in Verbindung mit dem allgemeinen Erfahrungssatz, dass maschinen- oder computergeschriebene Texte eine individuelle Feststellbarkeit des Schreibers nicht zulassen, ist damit bereits die Ungültigkeit eines so geschriebenen Testaments sicher begründet: Eine derartige Urkunde ermöglicht die bezweckte Echtheitsprüfung „aus sich selbst heraus" eben gerade nicht.

Das hat nichts mit der bloßen Beweisfrage zu tun, ob nicht vielleicht doch, etwa durch zufällig anwesende Zeugen, dargetan werden kann, dass der Erblasser persönlich „getippt" hat: Einerseits soll eben die Testamentsgültigkeit nicht von einem solchen Zufall abhängen; andererseits besteht gegen einen solchen Beweis wegen der Möglichkeit bestochener oder sonst manipulierter Zeugen ein besonderes Misstrauen, da der Erblasser selbst dazu nicht mehr befragt werden kann. Gegen ein stenografisches oder in kyrillischen Schriftzeichen verfasstes Testament bestehen dagegen keine vergleichbaren Bedenken: Es ist handschriftlich, also mit überprüfbaren individuellen Schriftzeichen angefertigt. Dass diese in unseren Breiten unüblich sind, tut nichts zur Sache.

Zur „Unterschrift" bestätigt sich, dass sie, was ja schon sprachlich nahe liegt, **am Ende des Textes** stehen muss, weil nur dann ersichtlich ist, dass die „Beendigung des Geschäftes" bezweckt war (*Ofner* I 347, II 538). Nur die Unterschrift zeigt ja nach der Verkehrsübung an, dass die Überlegungen des Erklärenden beendet sind und er den vorliegenden Text in Kraft setzen will. Dem genügt die Namensnennung zu Beginn der Erklärung oder irgendwo im Text keineswegs; es könnte sich ja nur um einen bloßen Entwurf handeln (*Ofner* II 539).

Weniger aufschlussreich sind die Materialien hingegen erstaunlicherweise für die Interpretation des Tatbestandsmerkmals **„mit seinem Namen"**. Der Urentwurf hatte in seinem § 373, der Vorgängerbestimmung des § 578 ABGB, neben weiteren, später als überflüssige Belastung erkannten Formalitäten noch Unterzeichnung mit dem Vor- und Geschlechtsnamen (Familiennamen) gefordert. Die Änderung auf „mit seinem Namen“, die schließlich Gesetzestext wurde, ist nicht erklärt. Jedoch liegt die Vermutung nahe, dass auch dies die Formstrenge lockern sollte. Das spricht für das Ausreichen der Unterfertigung des Testaments mit dem Familiennamen und wohl auch mit dem Vornamen allein, was aber angesichts der Vielzahl von Namensträgern bei allen gängigen Vornamen unter dem Gesichtspunkt der Identifizierung jedoch etwas problematisch bleibt. Der Lockerungsthese könnte man noch entgegenhalten, dass auch eine bloße Verkürzung der Gesetzesformulierung beabsichtigt sein konnte und „mit seinem Namen“ (in der Einzahl!) wie vorher der vollständige „amtliche“ oder „bürgerliche“ Name gemeint war: Zwar gehören der Vor- und der Familienname zweifellos zum Namen des Testators und lässt sich sprachlich gewiss jeder Teil als „Name“ bezeichnen. Es ist aber keineswegs selbstverständlich, dass drei verschiedene Varianten (Vorname, Familienname oder beides) einheitlich und in der Einzahl als „sein Name“ bezeichnet werden. Sprachlich ist dies allerdings auch nicht ausgeschlossen, da ja der Vor- und der Familienname je für sich, aber auch gemeinsam, zweifellos dem Namensbegriff unterfallen.

Sprachlich, gerade wegen des Formulierungsunterschieds gegenüber dem Vorentwurf aber auch historisch, spricht wesentlich mehr für das Ausreichen der Unterfertigung mit Vor- *oder* Familiennamen. Untermauern lässt sich diese Ansicht durch die objektiv-teleologische Auslegung, auf die hier vorgegriffen sei: Sowohl der Vor- wie der Familienname werden im Rechtsverkehr als bekräftigende Abschlussformel verwendet. Auch als Identifizierungsmittel reichen sie in aller Regel jedenfalls in Verbindung mit dem sonstigen Testamentsinhalt und mit den aufschlussreichen Nebenumständen (zB dem Auffindungsort des Testaments, den darin bedachten oder zumindest erwähnten Personen usw) aus; jedenfalls nicht weniger als ein voll ausgeschriebener Allerweltsname (zB Karl Maier).

4. Wer ist „der Gesetzgeber"?

Offen geblieben ist bisher die Frage, wen oder was genau die vereinfachende Redeweise vom **„Gesetzgeber"** bezeichnet. Dazu wird häufig als Problem empfunden, dass zwar ein absoluter Monarch oder Diktator ein personaler Gesetzgeber sei, während in einem entwickelten demokratischen Rechtsstaat in der Gesetzgebung viele Menschen, insbesondere die Parlamentsmehrheit, beteiligt sind, sodass gar kein Mensch aufzufinden sei, dessen realer Wille maßgeblich sein könnte. Ein Kollektivwille sei aber nichts psychologisch Reales, sondern nur eine Konstruktion.

Rechtspraktisch betrachtet sind das allerdings im Wesentlichen **Scheinprobleme**. Auch ein absoluter Monarch hatte etwa bei Erlassung des ABGB dieses Gesetz gewiss nicht so in sein Bewusstsein und damit in seinen Willen aufgenommen, dass er zu den zahllosen Auslegungsfragen Konkretes gewollt hätte. Dasselbe gilt schon wegen der oft beklagten „Gesetzesflut" für die Abgeordneten im Parlament, die meist auf einem geringen Informationsstand gemäß den Vorgaben ihrer Partei abstimmen („Klubzwang"); und meist sogar für die jeweiligen Experten der einzelnen Parteien, deren Information und Willensbildung über das zu erlassende Gesetz in der Regel ebenfalls mehr global als detailliert sind. Die für die Auslegung möglicherweise ergiebige Detailarbeit geschah und geschieht ganz regelmäßig in fachkundigen Beratungsgremien, vor allem aber in den die Gesetzesentwürfe vorbereitenden Ministerien, in den diese Entwürfe beeinflussenden und begutachtenden politischen und wirtschaftlichen Verbänden usw.

Ein **„Kollektivwille"** ist zwar in der Tat eine **realitätsfremde Konstruktion**. Doch ist es selbstverständlich möglich, dass der durchaus individuelle Wille mehrerer oder auch vieler Menschen zu bestimmten Fragen in die gleiche Richtung geht; auch in dem Sinn, dass Menschen dem Willen anderer Menschen mit oder ohne eigene Überprüfung beitreten, diesen Willen also als den ihren übernehmen. Die in der Diskussion ins Spiel gebrachte Konstruktion, dass der Wille des Gesetzgebers ein nach den Regeln zwischenmenschlicher Kommunikation zuzurechnender Wille eines nicht existierenden Wesens ist, erscheint weder notwendig noch irgendwie sinnvoll. Vielmehr muss man eben davon ausgehen, dass an der

Gesetzgebung zahlreiche verschiedene Menschen in verschiedenen Rollen beteiligt sind; insbesondere die politischen, wirtschaftlichen oder juristischen Anreger, Ausarbeiter, Berater, Begutachter usw als gleichsam informelle, aber gerade für die Detailarbeit und damit auch für die Auslegung höchst wichtige Instanzen. Sogar **die „formellen" Gesetzgeber** in den verfassungsmäßigen Gesetzgebungsorganen haben häufig mit dem genaueren, auslegungsrelevanten Inhalt der Gesetze wenig zu tun, sondern legen allenfalls die groben Züge der Neuregelung fest, greifen allenfalls korrigierend ein und fungieren im Übrigen (wie früher der absolute Monarch) als **Positivierungsinstanz,** die das Gesetz durch ihren Beschluss in Geltung setzt. Dabei liegen den am Gesetzesbeschluss Beteiligten heutzutage regelmäßig die von Fachkundigen verfassten Erläuterungen zur Regierungsvorlage vor, weshalb diese Erläuterungen daher als wichtige Grundlage der Abstimmungsentscheidungen in den Gesetzgebungsgremien angesehen werden können.

„Der Gesetzgeber" ist daher am besten als Kurzbezeichnung für alle informell und formell an dem betreffenden Gesetzgebungsakt beteiligten realen Menschen zu verstehen. Der „Wille des Gesetzgebers" ist ein durchaus realer menschlicher Wille, nämlich der Wille eines oder mehrerer der Menschen aus diesem Kreis, der sich im Gesetzgebungsprozess in der problemrelevanten Frage durchgesetzt hat. Das kann selbstverständlich auch ein Kompromiss zwischen ursprünglich auseinanderstrebenden Absichten sein. Ob man nachträglich personell präzise feststellen kann, wessen Meinung bzw Absicht ursprünglich oder überhaupt die letztlich maßgebende geworden ist, spielt keine Rolle.

Das Problem, wie es möglich sein soll, dass eigentlich „privat" oder doch nur informell-vorbereitend Mitwirkende eine relevante Absicht des Gesetzgebers bilden können, ist nicht von großem Gewicht, wo es um – real feststehenden – Einfluss auf den auslegungsrelevanten Gesetzesinhalt und nicht formal um Gesetzesgeltung an sich geht. Gelöst wird es durch die vernünftige und sachgerechte Überlegung, dass die offiziellen Gesetzgebungsinstanzen, wenn und soweit sie ohne eigene Veränderung und ohne Vorbehalt von außen erarbeitete Gesetzeswerke in Geltung setzen, nicht nur den nackten Text übernehmen, sondern auch die nach außen getretenen Erwägungen und Absichten, auf denen der formulierte Text basiert.

Dafür spricht, dass der bloße Gesetzestext ohne den Kontext der Gründe, Absichten und Erwägungen, auf denen er fußt, nur beschränkt verständlich wäre. Man spricht von **„Paktentheorie"** in dem Sinn, dass die formellen Gesetzgebungsorgane die Übernahme von Entwurfstext und Hintergrund akzeptieren (und damit „paktieren"), wenn sie nichts Gegenteiliges erkennen lassen. Selbstverständlich können sie bei der Beschlussfassung nicht nur die vorbereiteten Entwürfe als solche ändern, sondern auch zum Ausdruck bringen, dass sie eine unveränderte Entwurfsregel aus anderen als den vorgeschlagenen Gründen in Kraft setzen, was allerdings kaum einmal geschieht.

Methodisch wohl noch bedeutsamer sind die Motive und Zweckerwägungen einer nationalen Gesetzesregelung, wenn dahinter Rechtsakte anderer Institutionen stehen. Das ist nicht zuletzt für (die vielen) Normen wichtig, die der nationale Gesetzgeber aufgrund verbindlicher Vorgaben durch europäische Richtlinien erlassen hat (näher dazu S 63 ff).

IV. Die objektiv-teleologische Auslegung

1. „Objektiver Zweck"?

Die häufige Redeweise vom objektiven Zweck des Gesetzes selbst als **Gegensatz** zum subjektiven Zweck des Gesetzgebers wird mit Recht als **paradox** kritisiert: Ist ein Zweck ein gewünschter und anzustrebender Zustand, so ist ein wünschendes und strebendes Subjekt vorausgesetzt. Gemeint ist jedoch etwas durchaus Sinnvolles: Oft lässt sich eine Rechtsfrage mit den bisher erörterten Methoden nicht überzeugend lösen; etwa weil sich für das gerade anstehende „Begriffshof"-Problem auch im historischen Material keine aufschlussreichen Vorstellungen oder Zwecke finden lassen, weil relevantes historisches Material überhaupt nicht aufzufinden ist, weil die historischen Zweckerwägungen widersprüchlich sind bzw mit anderen anerkannten Zwecken kollidieren oder weil feststellbare historische Zwecke (etwa solche des Gesetzgebers während des Nationalsozialismus) im gegenwärtigen rechtlichen und faktischen Kontext eindeutig überholt sind. Richter sind aber jedenfalls zur Entscheidung ihnen vorgelegter Streitfälle verpflichtet. Immer noch ungerechtfertigt wäre es aber, der jeweils dafür zuständigen Rechtsinstanz, letztlich dem Höchstgericht, bereits nach Erschöpfung der bisherigen Methoden die Entscheidung durch „Eigenwertung" nach seinen persönlichen Vorlieben oder Präferenzen zu überlassen. Der Richter muss vielmehr so weit wie möglich als begründungspflichtiger Repräsentant der Rechtsgemeinschaft handeln. Es muss daher immer noch versucht werden, jene unter den möglichen Auslegungsvarianten herauszuarbeiten, die sich am besten in das geltende Rechtssystem einfügt. Erst wenn auch diese Bemühung vergeblich bleibt, ist wegen des staatlichen Entscheidungszwangs „richterliche Eigenwertung" unvermeidlich und daher legitim.

Vor dieser letzten, nicht mehr als rational zu qualifizierenden Methode kann und muss daher noch vorausgesetzt werden, dass Gesetze in aller Regel nicht schlechthin willkürlich-zufällig, sondern in Verfolgung (regelmäßig) vernünftiger und daher rekonstruierbarer Zwecke produziert werden und entsprechend den zentralen Grundsätzen des Rechts (Gerechtigkeit, Rechtssicherheit, Zweckmäßigkeit) angewendet werden sollen. Dem Gesetzgeber muss – bei sonstiger Unmöglichkeit rationaler Rekonstruktion – bis zum klaren Beweis des Gegenteils zugestanden werden, dass er die Tatsachenfragen im Zusammenhang mit der Mittel-Zweck-Relation sachlich zutreffend bzw im Einklang mit den am besten bewährten („wahrheitsnächsten") Erfahrungssätzen lösen wollte und gelöst hat.

2. Das Grundschema

Es ist also zu prüfen, welcher Zweck oder welche Zwecke nach der gesamten verfügbaren Erfahrung im konkreten Zusammenhang überhaupt oder doch zumindest mit einer gewissen Wahrscheinlichkeit als **vernünftige Rechtszwecke** in Frage kommen. Dies tut man, indem man mit Hilfe korrekter Tatsachenaussagen fragt, für die Verfolgung welcher Zwecke die betreffende Rechtsregel geeignet ist. Diese Prüfung muss auf der jetzt erörterten Auslegungsstufe mangels historischer Hinweise aufgrund allgemeiner Erfahrung vom Standpunkt eines wohlinformierten und auf dem Boden des Rechtssystems stehenden Beurteilers erfolgen; also in diesem Sinn „objektiv". Es gilt, jene relevante Zweckhypothese herauszufinden, die vernünftigerweise mit der größten Wahrscheinlichkeit anzunehmen ist.

Dieser Ansatz mag übermäßig spekulativ erscheinen, ist aber durch den Zwang zu umfassender Argumentation jedenfalls noch deutlich rationaler als die sofortige „Eigenwertung".

Als Auslegungsmaterial dienen somit – neben den unter 1. gemachten Voraussetzungen – alle Informationen über jene Gesetzeszwecke, die im Problemzusammenhang mit vernünftiger Wahrscheinlichkeit als möglich erscheinen, sowie Informationen über jene Tatsachen, die zur Beurteilung der Mittel-Zweck-Relation (mit der auszulegenden Norm als Mittel und dem erst gesuchten Zweck) hilfreich sind. Nur solche Zweckhypothesen, bei denen die Tauglichkeit der Norm als Mittel bejaht werden kann, kommen somit in die engere Wahl.

> ***Beispiel:*** *So scheitert auf der objektiv-teleologischen Ebene, also etwa für einen Beurteiler, dem das historische Auslegungsmaterial nicht zur Verfügung steht, die mögliche Zweckhypothese bezüglich des Tatbestandsmerkmals „eigenhändig" in § 578 ABGB, mit dieser Norm habe man bloß die Schreibfertigkeit der Menschen fördern wollen: Eine Urkunde, die zahllose Menschen überhaupt nicht, andere allenfalls einmal oder zweimal in ihrem Leben errichten, ist dafür offenkundig ungeeignet. Ebenso wird nicht bezweckt gewesen sein, die Auftragslage für Schriftsachverständige zu verbessern.*

Um einen Zirkel zu vermeiden, ist die auszulegende Norm ferner unter Ausklammerung der gerade anstehenden Auslegungsfrage tunlichst auf ihren vom Auslegungszweifel nicht betroffenen engeren Kernbereich zu beschränken und ist für diesen die geeignete Zweckhypothese zu suchen. Aus dem so ermittelten Zweck lässt sich nicht selten die Lösung des anstehenden Auslegungsproblems ableiten (deduzieren). Das sei wiederum am Beispiel der Testamentsform gezeigt: Vom Merkmal „eigenhändig" wäre auf den zugrunde liegenden Zweck zunächst unter Ausklammerung der kritischen Bereiche, also des maschinell geschriebenen und des stenografischen Testaments, zurückzuschließen; somit für einen mit normaler Handschrift (mit welchem Schreibmittel immer) angefertigten Text. In diesem Beispiel liegt (vom historischen Auslegungsmaterial einmal abgesehen) der besonders günstige Fall vor, dass nur eine Zweckhypothese ernstlich die um den konkreten Auslegungszweifel bereinigte geltende Regel erklärt, ohne dass ihrer Bejahung irgendwelche Bedenken als system- oder sachwidrig entgegengehalten werden könnten: Die Hypothese, der **Zweck** sei die **verlässliche Echtheitsprüfung** aus der Urkunde selbst. Damit ist eine vollkommen zureichende und befriedigende Erklärung für das Erfordernis der Eigenhändigkeit gegeben.

Auch wenn man die Auslegungsfrage objektiv-teleologisch untersucht, folgen also die historisch begründeten Resultate (dazu bereits S 35 ff) ganz unabhängig von den persönlichen Vorlieben des beurteilenden Juristen, der zB subjektiv ein Verfechter möglichst weitgehender Formfreiheit und dementsprechend milder Interpretation der Formvorschriften sein mag oder der zB eine starke Abneigung gegen ihm selbst nicht zugängliche (etwa stenografische) Schriftzeichen hat. Das muss eben ohne Einfluss bleiben. Charakteristisch ist aber die Beobachtung, dass im Beispielsfall – wie überwiegend auch sonst – die objektiv-teleologische Auslegung genau dasselbe Ergebnis liefert wie die historisch-subjektive.

Schwieriger wird die objektiv-teleologische Auslegung selbstverständlich dann, wenn mehrere Alternativzwecke ernstlich als taugliche Grundlage der auszulegenden Regeln in Frage kommen. Auch dann ist es aber noch keineswegs notwendig, zur „richterlichen Eigenwertung“ bei der Wahl zwischen den zunächst tauglichen Zweckhypothesen überzugehen. Vielmehr sind für die weitere rechtliche Selektion vor dem genannten letzten Ausweg die allgemeinsten rechtlichen Grundwertungen heranzuziehen, also die fundamentalen Prinzipien der „Rechtsidee“, die sich, freilich weitgehend vermittelt durch konkretere rechtliche Maßstäbe, vielfach als weiterführend erweisen. Für die Demonstration am Beispiel muss allerdings öfters über den bisher vielfach verwendeten Testamentsfall hinausgegangen werden, was gelegentlich größere Ausführlichkeit notwendig macht.

3. Die teleologisch-systematische Auslegung

Das erste und wichtigste Zusatzkriterium für die Wahl zwischen zunächst tauglichen Zweckhypothesen ist der für das Rechtssystem fundamentale **Grundsatz der Gerechtigkeit** im allgemeinsten und zugleich durchaus unpathetischen Sinn; dh der Grundsatz des Gleichmaßes, wonach Gleiches gleich, Ungleiches entsprechend seiner Ungleichheit ungleich zu behandeln ist (für Österreich siehe dazu auch Art 7 B-VG). Die unzweifelhafte Unvollständigkeit dieses Maßstabes, der die genauen Kriterien für gleich und ungleich selbst nicht enthält, ist im vorliegenden Zusammenhang dadurch überbrückbar, dass man diesbezüglich auf in der Rechtsordnung bereits an anderer Stelle, also außerhalb des jetzt auszulegenden Gesetzes, getroffene Zwecksetzungen oder Wertentscheidungen abstellt. Nicht mehr der explizite Inhalt anderer konkreter und systematisch aufschlussreicher Regeln ist hier also das zusätzlich benötigte Auslegungsmaterial, sondern deren Zweck- oder **Wertungsgrundlagen**. Diese sind zunächst nur der betreffenden anderen Norm zugrunde gelegt worden. Die dort vom Regeltatbestand betroffenen Sachverhalte enthalten aber als Kern eine zwischenmenschliche Interessenkonstellation, üblicherweise einen typischen Interessenkonflikt, der ebenso oder doch in ähnlicher Form auch im Normbereich der auszulegenden Regel besteht; hier freilich eingebettet in einen anderen Sachverhaltszusammenhang.

Bei der Interpretation ist nun darauf zu achten, dass die Wertung und dementsprechende Zielsetzung, die der systematisch einschlägigen anderen Norm erkennbar zugrunde liegt, auch bei der primär anzuwendenden Norm in deren Auslegungsspielraum wirksam wird. Auf diese Weise wird das fundamentale **Gleichmaßgebot** respektiert. In der Methodenlehre spricht man dabei meist und anschaulich von der möglichsten **Vermeidung von Wertungswidersprüchen** als wichtigem Auslegungsziel. Die Relativierung – „möglichst" – ist notwendig, weil gegen eindeutige Wertungswidersprüche gesetzlicher Regelungen kein methodologisches Kraut gewachsen ist, sondern nur die Anrufung des Gesetzgebers (oder des Verfassungsgerichtshofs wegen Gleichheitswidrigkeit) bleibt.

Beispiel: *Bei einem Unfall wird ein Beteiligter getötet, der andere ist schuld. Der Schädiger hat nach § 1327 ABGB den gesetzlich unterhaltsberechtigten Hinterbliebenen das zu ersetzen, „was ihnen dadurch entgangen ist"; also eben den Unterhalt, den ihnen der Getötete nicht mehr gewähren kann. Ein Kind des Getöteten ist nun im Zeitpunkt seines Todes bereits selbsterhaltungsfähig, bekommt also aktuell keinen Unterhalt. Einige Zeit nach dem Todesfall verliert dieses Kind seine Stelle, hat kein Einkommen und würde also wieder vom Getöteten erhalten werden (müssen), wenn dieser noch lebte.*

Die Auslegungsfrage, von deren Beantwortung nicht weniger als die Bejahung oder die Ablehnung des Ersatzanspruchs gegen den Schädiger abhängt, lautet somit: Kommt es beim Anspruch des Hinterbliebenen gegen den Haftenden nur auf den aktuellen gesetzlichen Unterhaltsanspruch im Zeitpunkt des Todes an oder auf das familienrechtliche Verhältnis als solches, aus dem der aktuell ruhende Unterhaltsanspruch bei Unfähigkeit zur Selbsterhaltung jederzeit wieder entstehen kann? Das ist in § 1327 ABGB nicht eindeutig gesagt. Dessen Formulierung spricht durch die Verwendung des Perfekts („entgangen ist") eher ein wenig dafür, dass der zu ersetzende Unterhaltsentgang auf den Zeitpunkt der Tötung zu beziehen ist. Man kann aber auch vom Zeitpunkt der Beurteilung (regelmäßig Schluss der Gerichtsverhandlung 1. Instanz) zurückblicken. Prinzipiell schiene es recht willkürlich, wenn bei sonst zwischen Schädiger und Hinterbliebenem völlig gleicher Interessenlage der Zufall entscheiden sollte, dass der Hinterbliebene gerade im Zeitpunkt der Tötung – womöglich nur für kurze Zeit – selbsterhaltungsfähig war.

Klarheit schafft eine teleologisch-systematische Auslegung mit Hilfe des § 12 Abs 2 EKHG. Dieses im Vergleich zu § 1327 ABGB jüngere Sondergesetz legt vor allem dem Halter eines Kfz für Unfälle beim Betrieb dieses Kfz eine vom Verschulden unabhängige Gefährdungshaftung auf. Die zitierte Bestimmung stellt nun völlig klar zugunsten der unterhaltsberechtigten Hinterbliebenen eines Getöteten auf das Rechtsverhältnis ab, aus dem die Unterhaltsansprüche entstehen können, also nicht auf den aktuellen Unterhaltsanspruch im Zeitpunkt der Tötung: *„Stand der Getötete zur Zeit der Verletzung zu einem Dritten in einem Verhältnis, vermöge dessen er diesem kraft Gesetzes unterhaltspflichtig war oder unterhaltspflichtig werden konnte, …"* Bezweckt ist also offensichtlich, jeder Unterhaltsbedürftigkeit unabhängig vom zufälligen Zeitpunkt der Aktualisierung des Unterhaltsanspruchs Rechnung zu tragen. Das entspricht auch dem Zweck des Schadenersatzrechts, Geschädigte so zu stellen, wie sie ohne die schädigende Handlung stünden. Ohne die Tötung wäre es mit Wegfall der Selbsterhaltungsfähigkeit zum Wiederaufleben der Unterhaltsansprüche gekommen.

Schwache Juristen vom Typ des strengen Formalisten neigen in vergleichbaren Fällen zu dem „Argument", die Erstreckung der Ersatzpflicht auch auf erst später aktualisierte Unterhaltsansprüche stehe eben (nur) im EKHG, sodass es in den sonstigen Schadensfällen, für die § 1327 ABGB gelte, eben anders sei. Das ist ganz verfehlt. Gewiss hätte der Gesetzgeber in § 1327 ABGB die Zeitpunktfrage umgekehrt lösen können. Abgesehen davon, dass dies eine krasse Willkürlichkeit gewesen wäre, hat er das aber nicht getan, sondern in § 1327 ABGB die besprochene Auslegungsfrage (nicht entschieden, sondern) bloß aufgeworfen; vermutlich ganz ungewollt, da er an den speziellen Sachverhalt – das Kind ist im Zeitpunkt der Tötung des Vaters selbsterhaltungsfähig, verliert diese Fähigkeit aber später wieder – bei Formulierung der Norm nicht gedacht hat. Entscheidend ist nun, dass der Interessenkonflikt zwischen Schädiger und Hinterbliebenen in beiden Normbereichen völlig gleich liegt, sodass die klare Wertung des – später erlassenen – EKHG, wonach der Zufall der aktuellen Unterhaltsberechtigung nicht entscheiden soll, in vollem Umfang auch auf die ABGB-Regel „passt". Der Gesetzgeber hat das Problem und dessen Regelungsbedürftigkeit aber eben erst im Zuge der Erlassung des EKHG erkannt. Ideal wäre natürlich gewesen, § 1327 ABGB im Zuge der Erlassung des EKHG entsprechend anzupassen. Aus der Nichtanpassung kann aber mangels entsprechender Hinweise nicht der Schluss gezogen werden, der Gesetzgeber habe für das ABGB eine abweichende Rechtslage gewollt. Es läge also ein **krasser Wertungswiderspruch** vor, wenn unsere Problemfrage hier anders beantwortet werden würde. Darüber hinaus läge sogar eine absurde Begünstigung eines an der Tötung schuldigen Schädigers gegenüber einem solchen Schädiger vor, der ohne Verschulden nur für die Betriebsgefahr seines Kfz haftet. Das Ergebnis der teleologisch-systematischen Auslegung ist also eindeutig; die Lösung des Problems kann spätestens seit der Geltung des EKHG nicht mehr zweifelhaft sein.

Zur am besten ebenfalls bei der teleologischen Auslegung einzuordnenden **Maxime der beidseitigen Rechtfertigung von Rechtsfolgen** – danach gilt der Blick etwa Schädiger und Geschädigtem gleichermaßen, nicht primär oder gar bloß dem einen oder dem anderen – siehe auf S 79 f im Zusammenhang mit der Abwägung von (gegenläufigen) Prinzipien.

4. Die Auslegung entsprechend der „Natur der Sache"

Der Ausdruck **„Natur der Sache"** wird in sehr unterschiedlicher und teilweise unklarer Weise verwendet; insbesondere wird mit seiner Hilfe auch versucht, unmittelbar aus sachlichen Gegebenheiten normative Folgerungen abzuleiten. Das läuft auf einen „normativen Fehlschluss" (vom Sein auf das Sollen) hinaus.

Zwei taugliche Möglichkeiten zur Verwendung des Begriffs bleiben: Einmal kann man damit die Fälle bezeichnen, in denen in einer rechtlichen Ableitung ein die **„Tatsachen des Normbereichs"** beschreibender Satz eine besondere Rolle spielt; etwa weil er von Meinungsverschiedenheiten betroffen ist oder weil sich die maßgebende Meinung über seine Richtigkeit geändert hat.

> ***Beispiel:*** *Man nehme als Ausgangspunkt etwa einen Rechtssatz, wonach nur gesundheitsverträgliche Baustoffe verwendet werden dürfen. (Er mag in manchen Bauordnungen explizit vorzufinden sein, kann aber auch ein bloßes Teilelement in allgemeinen Rechtssätzen sein, die eine vorrangige Berücksichtigung des Schutzes von Leben und Gesundheit fordern.) Solange Asbest als Baumaterial verwendet wurde, ohne dass irgendwelche gesundheitliche Bedenken bekannt waren, ließ sich aus diesem Rechtssatz und dem deskriptiven Satz über die Unbedenklichkeit des Asbests folgern, dass dieses Material beim Bau verwendet werden darf. Dieser problemnähere, also konkretere Rechtssatz galt kraft Deduktion aus der Ausgangsnorm bis zu dem Zeitpunkt, zu dem die massive Gesundheitsgefährdung von Asbest erkannt und anerkannt war. Ohne jede Änderung des Gesetzes ist seither der gegenteilige konkretere Rechtssatz abzuleiten, dass Asbest als Baumaterial unzulässig ist.*

Eigenständige normative Bedeutung hat die „Natur der Sache" in der jetzt besprochenen Funktion nicht. Rechtliche Ableitungen und Begründungen müssen infolge der Realbezogenheit des Rechts in weitestem Umfang auch mit Tatsachenaussagen arbeiten (so wurde etwa lange Zeit an die Unschädlichkeit des Passivrauchens geglaubt), mag es sich – wie im Beispielsfall – um Aussagen über „generelle Tatsachen des Normbereichs" oder – wie bei der Einzelfallentscheidung – um festgestellte Einzeltatsachen handeln. Sind die Tatsachenaussagen falsch, etwa im Einzelprozess wegen falscher Zeugenaussagen, denen geglaubt wird, so gilt das auch für das rechtliche Ergebnis. Dieses kann allerdings durch die Rechtskraft in den

Grenzen des Prozessrechts trotzdem unangreifbar geworden sein. Die normativen Prämissen wurden eben völlig korrekt gehandhabt.

Um diese Prämissen geht es aber, wenn die **„Natur der Sache" als Interpretationsbehelf** fungieren soll. Im Auslegungsbereich, also im „Begriffshof" der Normbegriffe und Normsätze, kann die Natur der Sache tatsächlich eine klärende Rolle spielen, wenn man sie eben nicht mit einer bloßen Sachbeschreibung gleichsetzt, sondern ihr einen bestimmten **normativen Gehalt** zuschreibt. Das ist nur, aber immerhin dann möglich, wenn die fragliche „Sache" ein typisches, also in der Realität des menschlichen Zusammenlebens häufig in gleicher Weise vorkommendes Lebensverhältnis ist und wenn dieses Lebensverhältnis rechtlich durch eine darauf bezogene Regelung als **„Rechtsinstitut"** anerkannt ist. Beispiele sind etwa der Vertrag, das Eigentum oder die Familie, mangels einer rechtlichen Regelung und Bedeutung aber nicht die Freundschaft.

Weist nun die rechtliche Regelung Auslegungsspielräume auf, die objektiv-teleologisch bewältigt werden müssen, so ist es möglich, unter den denkbaren Zweckhypothesen danach zu unterscheiden, welche von ihnen für das nach allgemeiner Auffassung befriedigende Funktionieren des betreffenden, rechtlich anerkannten Instituts besser geeignet ist. Das befriedigende Funktionieren lässt sich dem faktischen Verhalten der Beteiligten in den Anwendungsfällen des Instituts entnehmen, die von den beteiligten Menschen als normal oder zumindest als nicht zerrüttet oder gestört empfunden werden. Unter der globalen normativen Maxime der **Zweckmäßigkeit** empfiehlt es sich nämlich, jene Auslegung zu wählen, die das befriedigende Funktionieren eines rechtlich anerkannten typischen Lebensverhältnisses am besten fördert oder doch zumindest am wenigsten gefährdet. Kurz gesagt kommt es also auf die betätigte Übung der unmittelbar Beteiligten in ihren funktionierenden Beziehungen an.

Manche ***Beispiele*** dafür sind banal. Dass für Kaufverträge in einem Ladengeschäft Erfüllungsort eben das Geschäft und Erfüllungszeit „sogleich" ist, auch wenn dies im Gesetz nirgends so ausgesprochen ist, versteht sich von selbst; ebenso, dass Erfüllungsort für die Arbeitspflicht eines Arbeitnehmers mangels anderer Vereinbarung der Betrieb ist, für den er angestellt wurde. Oder: Im Strafrecht stellte sich die Frage, ob der Nichtigkeitsgrund des § 281 Abs 1 Z 7 StPO

(Nichterledigung der Anklage) auch vom Angeklagten oder nur vom Ankläger aufgegriffen werden kann. Aus der Natur der Sache ergibt sich, dass der Nichtigkeitsgrund nur für den Ankläger gilt und die bloße Unterlassung eines Freispruchs keine Nichtigkeit darstellt. Der Angeklagte hat nämlich keinen Vorteil daraus, ein Urteil mit diesem Nichtigkeitsgrund zu bekämpfen, da die Nichterledigung im Ergebnis einem Freispruch gleichkommt, das Urteil ihn also insofern nicht belastet.

Nicht so selbstverständlich zu beantworten ist eine zur unentgeltlichen Lizenz im Urheberrecht aufgeworfene Frage. Zu klären war, ob die schenkungsweise Einräumung eines Werknutzungsrechts über ein erst geplantes Werk (zB einen Roman) im Sinne des allgemeinen Schenkungsrechts formpflichtig sei. Unter Hinweis auf die Natur der Sache wurde das zu Recht bejaht: Weil das Werk erst zukünftig erstellt wird, scheidet eine tatsächliche Übergabe jedenfalls aus. Allerdings kann der Formmangel durch Übergabe (mittels Zeichen) geheilt werden, sobald das Werk geschaffen wurde. Ebenfalls unter Hinweis auf die Natur der Sache wurde ausgesprochen, dass die gesetzliche Pflicht zur ehelichen Lebensgemeinschaft ebenso wie die zur Treue zwischen Gesellschaftern im Rahmen der objektiv-teleologischen Auslegung hinsichtlich ihrer Reichweite so zu konkretisieren ist, wie diese Pflichten in einer funktionierenden Ehe bzw Gesellschaft in aller Regel geübt werden.

5. Auslegung mit Hilfe eines argumentum ad absurdum

Im strengen Sinn spricht man von einem argumentum ad absurdum, wenn das Ergebnis eines Gedankenganges mit einer seiner Prämissen in Widerspruch steht. Im Zusammenhang der Auslegung gibt es da zumindest eine Ähnlichkeit: Die Rechtsordnung ist jene einer bestimmten Rechtsgemeinschaft und sollte daher auch in ihren Einzelergebnissen mit dem Rechtsbewusstsein des überwiegenden Teils dieser Gemeinschaft möglichst im Einklang stehen. Ablehnung durch eine starke Majorität, wie sie auch in einer „pluralistischen Gesellschaft" gerade im Sinne eines **negativen Konsenses** durchaus vorkommt, genügt als Kriterium; also etwa die Ablehnung durch fast alle einigermaßen vernünftig urteilenden und die Rechtsordnung grundsätzlich bejahenden Mitglieder der

Rechtsgemeinschaft ohne Rücksicht auf ihre generelle ideologische Einstellung. Vorausgesetzt muss dabei freilich auch werden, dass ein solcher Konsens nicht primär auf Informationsmängeln (oder gar aufgrund aktueller Medienmanipulation) beruht. Kann man solchen negativen Konsens mit gutem Grund für ein bestimmtes Auslegungsergebnis annehmen, so ist die betreffende Zweck- und damit Auslegungshypothese ad absurdum geführt und daher aufzugeben. Man muss sich dabei freilich auch vergegenwärtigen, dass hier nur von einer Teiloperation im Rahmen methodischer juristischer Arbeit (und hier wieder im Rahmen der objektiv-teleologischen Interpretation bei bestimmten Vorschriften bzw Problemen) die Rede ist. Die Befürchtung, dass hier den jeweils aktuellen Emotionen einer vielleicht politisch bzw medial manipulierten großen Zahl entscheidender Einfluss auf die Rechtsfindung zugeschrieben wird, kann also entkräftet werden. Bei entsprechend eingeschränkter Anwendung spricht für die Anerkennung des hier besprochenen Auslegungskriteriums der fundamentale Grundsatz der **Rechtssicherheit**; und zwar gleich in einem doppelten Sinn: Was die meisten Mitglieder einer Rechtsgemeinschaft klar ablehnen, werden sie auch nicht als Ergebnis ihrer Rechtsordnung erwarten, sodass ein solches Ergebnis für sie überraschend und damit unvorhersehbar sein müsste. Darüber hinaus würde ein solches Ergebnis ihr Rechtsbewusstsein untergraben, was der realen Wirksamkeit der Rechtsordnung im Ganzen abträglich wäre.

Ein wichtiges Anschauungsbeispiel liefert der **Kausalzusammenhang** im Schadenersatzrecht, dessen ganz zentrale Verschuldenshaftungsnorm (§ 1295 ABGB) bestimmt, dass der schuldhaft Handelnde den durch sein Verschulden *„zugefügten"* Schaden ersetzen muss. Das heutige, recht präzise und grundsätzlich wohlbegründete Verständnis von Kausalität (Ursächlichkeit, Verursachung) als Haftungsvoraussetzung geht dahin, dass ein Umstand (die schuldhafte Handlung) kausal für einen anderen Umstand (den Schaden) ist, wenn bei Wegdenken des ersten auch der zweite entfiele (Lehre von der **„conditio sine qua non"** oder vom „Bedingungszusammenhang"). Die historischen Vorstellungen über die Kausalität, die rechtsgeschichtlich wirksam waren und dem Gesetz zugrunde liegen, waren vergleichsweise unklar und wohl erheblich enger, wie insbesondere die Figur des „gemischten Zufalls" („casus mixtus") in

§ 1311 Satz 2 ABGB zeigt. Die unreflektierte Anwendung des präzisen Begriffs der (naturgesetzlich verstandenen) Kausalität kann freilich zu absonderlichen Ergebnissen führen, wenn er unkorrigiert bleibt.

Beispiele: *Ein Verkehrsteilnehmer verschuldet durch ein kleines Versehen einen geringfügigen Verkehrsunfall. Ein anderer Unfallsbeteiligter ist dadurch in Gefahr, wegen der Verzögerung seiner Fahrt einen wichtigen Geschäftstermin zu versäumen. Er nimmt daher ein Flugzeug, mit dem er bei der Landung am Zielort einen Unfall und eine Verletzung erleidet. Das gewinnbringende Geschäft kommt daher nicht zustande. Auf dem Heimweg vom Krankenhaus stiehlt ihm ein Taschendieb seine Brieftasche. Ein Bekannter hat ihn im Krankenhaus besucht und wurde dort mit einer Infektionskrankheit angesteckt, die er alsbald auf Familienmitglieder und Mitarbeiter überträgt. Einer von diesen kann daher seinen Erbonkel nicht zeitgerecht besuchen und verliert dadurch ein ihm in Aussicht gestelltes großes Vermächtnis. Dieses wird vielmehr einem anderen Neffen zugewendet, der sich in seiner Freude darüber betrinkt und daher einen schweren Verkehrsunfall mit zahlreichen Verletzten und großem Sachschaden herbeiführt. Man kann die Geschichte beliebig fortspinnen.*

Ein kürzeres Beispiel: *A zeugt durch ein schuldhaft-rechtswidriges Verhalten, etwa durch eine Vergewaltigung, ein Kind. Dieses oder seine Nachkommen verursachen im Laufe ihres Lebens zahlreiche Schäden.*

Müssen der erste Unfallschädiger und der Vater für alle genannten Schäden einstehen? Ohne ihre schuldhafte Handlung wären diese ja nicht entstanden. Diese Verhaltensweisen waren daher für alle Schäden kausal.

Von den verschiedenen Kriterien der Haftungsbeschränkung soll hier nur die **Adäquanz** angesprochen werden und hier wieder nur das für sie vorgetragene Hauptargument. Vereinfacht gesagt bedeutet Adäquanz, dass Schadensfolgen dem Verantwortungsgrund haftungsrechtlich nur zugerechnet werden, soweit diese Folgen durch die Ursache im Zeitpunkt ihrer Verwirklichung aus der Warte eines sachkundigen und umsichtigen Beurteilers in noch irgendwie praktisch beachtlichem Ausmaß begünstigt (wahrscheinlicher) werden; wenn sie also nicht bloß durch eine ganz zufällige, für niemanden erwartbare Verkettung von Umständen aus dieser Ursache entstanden sind.

Schon durch diese, die schlichte Kausalität beschränkende, zusätzliche Haftungsvoraussetzung würden die meisten der oben angedeuteten Schadensfolgen deutlich ausgeschlossen. Die genannten Beispiele (und zahlreiche andere) lassen auch erkennen, warum die Adäquanz in der neueren Rechtsprechung relativ selten ausdrücklich angewendet wird: In der großen Zahl der einschlägigen klaren Fälle kommt von vornherein niemand auf den Gedanken, wegen solcher „entfernter" Schäden den schuldigen Ausgangsverursacher in Anspruch zu nehmen. Von den dritten Geschädigten weiß regelmäßig auch niemand von der ganzen Vorgeschichte. Sie brauchen sich wegen des Adäquanzerfordernisses für diese auch gar nicht zu interessieren.

In der Sache läuft die Adäquanzlehre darauf hinaus, dass der heutige präzise Kausalitätsbegriff für Haftungsfragen in die Richtung der engeren historischen Vorstellungen von der „unmittelbaren" Herbeiführung eines Schadens zurückgeführt wird. Als Hauptargument für diese enge Auslegung (bzw Eingrenzung) der Kausalität als Haftungsvoraussetzung wird stets ausgeführt, dass anderenfalls die Haftung uferlos, völlig zufällig, in ihren Ausmaßen unkontrollierbar und unabsehbar würde. Sie wäre auch zum objektiv erkennbaren und daher motivationsrelevanten Schadenspotential der unerlaubten Handlung (und oft auch zum Verschulden des Schädigers) ganz unverhältnismäßig. Ein notwendiger Teil des Arguments bleibt aber regelmäßig unausgesprochen: Dass eben diese Uferlosigkeit und Zufälligkeit allgemeiner Ablehnung durch die Rechtsgenossen (einschließlich der nicht strikt formalistisch denkenden Juristen) begegnet. Die engere Auslegung des Kausalitätserfordernisses als Haftungsvoraussetzung mit Hilfe der Adäquanz ist somit ein starkes und wichtiges Beispiel für eine restriktive objektiv-teleologische Auslegung mit Hilfe eines argumentum ad absurdum.

*Ein anderes **Beispiel** kann etwa der Aufwandersatz des unredlichen Besitzers nach § 336 ABGB liefern, dessen Verweisung auf die Regeln über die Geschäftsführung ohne Auftrag – sprachlich immerhin möglich – von einer einflussreichen Lehre dahin verstanden wurde, dass der unredliche Besitzer bei den für die fremde Sache getätigten notwendigen Aufwendungen besser behandelt wird als der redliche. Dieses erwogene Ausle-*

gungsergebnis begründet schon für sich ein argumentum ad absurdum: Kein vernünftiger Mensch könnte es begreifen, wenn die Rechtsordnung den sorglos oder gar bewusst rechtswidrig Handelnden besser behandelte als den Sorgfältigen. Daher ist eine andere Auslegungsvariante zu wählen.

6. Auslegung entsprechend vorrangigem Recht (vor allem Verfassungsrecht) und Normenkollision

Eine bedeutsame Unterart der teleologisch-systematischen Auslegung legt auf die Übereinstimmung der auszulegenden Norm mit formal höherrangigem positivem Recht besonderen Wert. Die wichtigsten Beispiele sind die **„verfassungskonforme" Auslegung** von einfachen Gesetzen und die europarechtskonforme Interpretation inländischen Rechts (dazu gesondert und ausführlicher unter V. ab S 63). Hier geht es nicht „bloß" um die Vermeidung von Wertungswidersprüchen, sondern um möglichste Ausschaltung echter Normwidersprüche zwischen Normen unterschiedlichen formalen Ranges. Nicht die Grundwertungen, sondern die Norminhalte selbst könnten kollidieren. Der generelle Zweck der Auslegung ist es nun, solche Kollisionen so weit wie möglich zu vermeiden. Er ist von konkreten und belegbaren historischen Absichten des Gesetzgebers unabhängig, vielmehr knüpft er objektiv an den unterschiedlichen Rang positiven Rechts an. Vorausgesetzt ist freilich stets, dass die untergeordnete Norm einen entsprechenden Auslegungsspielraum bietet, sodass die gefundene Lösung innerhalb ihrer **„Lex-lata-Grenze"** liegt (ausführlich zu dieser Grenze S 113 ff). Die formal nachrangige Norm darf also nur in einzelnen – und nicht in allen – ihrer an sich möglichen Auslegungen gegen die höherrangige verstoßen, damit eine vorrangkonforme Auslegung überhaupt denkbar ist.

Darüber hinausgehende, also interpretativ nicht auszuräumende Widersprüche müssten primär in der dafür positivgesetzlich vorgesehenen Weise gelöst werden; also je nach genauerer Anordnung durch Nichtigkeit, Aufhebung oder Nichtanwendung der untergeordneten Norm. Wie die Praxis zeigt, finden sich immer wieder Normen, deren verfassungskonforme Auslegung auf methodisch zulässige Weise nicht in Frage kommt. Ganz prägnant gesagt: Es gibt untergeordnete Normen, deren Inhalt auch aufgrund ihrer Entstehungsgeschichte (gesetzgeberischer Wille) so klar ist, dass an ihrer Verfassungswidrigkeit kein Weg vorbeiführt. Daher gehört es auch zum Alltagsgeschäft des Verfassungsgerichtshofs (VfGH), solche Gesetzesbestimmungen als verfassungswidrig aufzuheben. Dies hat er beispielsweise bei einer Norm aus dem Glücksspielrecht getan, weil diese für Schadenersatzansprüche des Spielers gegen die Spielbank ohne sachliche Begründung eine extrem kurze Verjährungsfrist vorsah. Aber auch für Normen, deren Sinn sich nur Personen erschloss, die sowohl Freude an als auch Begabung für komplizierte Denksportaufgaben hatten und darüber hinaus einen archivarischen Fleiß an den Tag legen mussten, wurde Verfassungswidrigkeit bejaht.

Ein letztes aktuelles ***Beispiel,*** *das zugleich die Grenzen zwischen zulässiger Rechtsanwendung und Rechtspolitik (Änderung des Rechts) aufzeigt: § 44 ABGB verlangte für die Ehe bis vor einigen Jahren ausdrücklich „zwei Personen verschiedenen Geschlechts". Das ist vom Wortlaut her eindeutig und war vom Gesetzgeber auch genau so gewollt. Die „Ehe für alle" war bei dieser Gesetzeslage durch zulässige Auslegung (§ 6 ABGB) also keinesfalls zu erreichen. Vielmehr musste der VfGH eine Aufhebung der betreffenden Wortfolge aussprechen, um die von ihm als verfassungsgemäß erachtete Rechtslage herzustellen, zumal der Gesetzgeber insoweit untätig blieb. (Ob diese personale Beschränkung der Ehe im Sinne des VfGH-Erkenntnisses aus dem Jahre 2017 – der VfGH hat sie zum Ende des Jahres 2018 aufgehoben – tatsächlich verfassungswidrig war, kann hier nicht diskutiert werden.)*

Im Rahmen des Auslegungsspielraums ist die (verfassungs)konforme Auslegung allerdings einer (vermeidbaren) Behandlung der untergeordneten Norm als nichtig oder ihrer Aufhebung vorzuziehen, weil auch sie den Widerspruch vermeidet, ohne die berechtigten Erwartungen der Rechtsgemeinschaft in die Geltung der korrekt kundgemachten untergeordneten Norm zu enttäuschen (Rechtssicherheit) und ohne einen Bruch in der Rechtsordnung durch Ungleichbehandlung der Rechtsadressaten vor und nach Verwerfung der untergeordneten Norm durch die zuständige Instanz (VfGH) herbeizuführen (Gerechtigkeitsgleichmaß). Der VfGH hebt Normen nämlich nur ex nunc oder gar mittels Fristsetzung für die Zukunft auf; in den Genuss einer Rückwirkung kommen nur die Beteiligten des Anlassverfahrens.

Es geht also um die **Minimierung** der durch wirkliche oder auch nur wahrscheinliche Normwidersprüche unvermeidlich entstehenden Schwierigkeiten, die in einem einheitlichen Rechtssystem nicht bestehen bleiben dürfen. Ob es sich dabei um Widersprüche im streng logischen Sinn handelt, ist zwar umstritten, aber ziemlich gleichgültig. Denn es kann niemand gegensätzliche Normbefehle befolgen, sodass widersprüchliche Normen überhaupt ungeeignet sind, ihre generelle Aufgabe zu erfüllen, nämlich zur Orientierung menschlichen Verhaltens zu dienen. An der rechtlichen Unbrauchbarkeit einander widersprechender Normen ist daher nicht zu zweifeln.

Dieser Befund erfasst gleichermaßen den **Widerspruch formal gleichrangiger Normen**, für den keine besonderen Behebungsregeln gelten. Dann bleibt nur die Möglichkeit, den Widerspruch mit Hilfe der allgemeinen Auslegungsregeln zu beheben oder zu reduzieren, soweit diese im konkreten Zusammenhang hilfreich sind. Gelingt dies nicht, sind beide Widerspruchsnormen schlechthin unanwendbar und daher vernünftigerweise auch als ungültig zu qualifizieren.

Beispiel: *§ 467 Fall 3 ABGB sieht vor, dass das Pfandrecht erlischt, wenn der Pfandgläubiger die Pfandsache dem Verpfänder „ohne Vorbehalt" zurückstellt. Ein einfacher Umkehrschluss führte zum Rechtssatz, dass die Rückstellung „unter Vorbehalt" (zB für eine bestimmte kurze Zeitspanne) das Pfandrecht unberührt lässt. Diese Rechtsposition kollidierte jedoch mit dem zwingenden Faustpfand- bzw Publizitätsprinzip, das für die Begründung des Pfandrechts normiert ist (§§ 451 f ABGB) und durch Rückstellungsabreden leicht unterlaufen werden könnte. Wie könnte dieser Widerspruch aufgelöst werden, ohne die in § 467 ABGB enthaltene Regel so zu reduzieren, dass sie keinerlei Anwendungsbereich (= rechtliche Relevanz) mehr hat? Eine derart weit reichende Reduktion entspräche ja im Ergebnis einer Streichung durch den Interpreten und ist daher anerkanntermaßen methodisch unzulässig. Ein Reduktionsversuch geht dahin, das Pfandrecht dann aufrecht zu lassen, wenn die Rückstellung unter Vorbehalt derart erfolgt, dass das Pfandrecht – etwa durch Anbringung entsprechender Zeichen an der Sache – für den Rechtsverkehr weiterhin erkennbar ist. Dagegen spricht allerdings, dass § 452 ABGB die symbolische Verpfändung (etwa durch Anbringung von Zeichen) nur zulässt, wenn eine körperliche Übergabe an den Pfand-*

gläubiger unmöglich oder doch zumindest untunlich ist. Daher ist jene Auslegungsvariante zu favorisieren, die dem bei Rückstellung gemachten „Vorbehalt" bloß obligatorische Wirkung beimisst: Gab es einen solchen Vorbehalt, kann der Gläubiger neuerliche Übergabe (und damit Neubestellung!) des Pfandes fordern; fehlte ein solcher Vorbehalt, muss der Verpfänder die Sache nicht mehr herausgeben.

7. Die rechtsvergleichende Auslegung

Hier lautet die Fragestellung: Kann **fremdes (= ausländisches) Recht** etwas zum Verständnis und zur Anwendung des eigenen Rechts beitragen? Für eine Rechtstheorie, für die sich das Recht in autonomen Willensprodukten bestimmter staatlicher oder überstaatlich organisierter Gesellschaften bzw ihrer Gesetzgebungsorgane erschöpft, muss die Antwort „nein" lauten. Zumindest ein wenig anders sieht die Sache jedoch dann aus, wenn man die Rechtsordnungen als unterschiedliche Versuche der Konkretisierung der universalen Fundamentalprinzipien der **„Rechtsidee"**, also der Gerechtigkeit, der Rechtssicherheit und der Zweckmäßigkeit, betrachtet. Dann bietet es sich bei anders nicht zu überbrückenden Vagheiten oder Lücken der eigenen Rechtsordnung durchaus an, klare und wohlbewährte Konkretisierungen anderer Rechtsordnungen fruchtbar zu machen, um dem gerade gestellten Problem abzuhelfen, bevor man zur freien Eigenwertung des Beurteilers übergeht. Damit kann die Rechtsvergleichung über ihre rein wissenschaftliche Erkenntnisbedeutung und über ihre Eignung als bewährtes Hilfsmittel rationaler Gesetzgebungsbemühungen auch in der Rechtsanwendung eine gewisse methodische Bedeutung erlangen. Diese liegt primär in der Qualifizierung des bewährten fremden Rechts als kontrollierende und uU bestätigende Instanz für die Brauchbarkeit von bestimmten Auslegungshypothesen unter dem Gesichtspunkt allgemeiner praktischer Zweckmäßigkeit.

Ganz deutlich muss allerdings betont werden, dass fremdes Recht **nur in seltenen Ausnahmefällen** unmittelbar auf die Auslegung der eigenen Normen einwirken kann. Vielmehr ist im Regelfall große Zurückhaltung geboten. Vor allem ist der rechtsvergleichenden Versuchung zu widerstehen, dass bestimmte Lösungen in den Rechtsordnungen großer und wichtiger Staaten („Rechtsimperialismus")

– so blicken österreichische Rechtswissenschaft und Gerichte häufig (nur) nach Deutschland – oder auch einfach rechnerisch mehrerer Staaten, die vielleicht voneinander „abgeschrieben“ haben, ohne weiteres als vorzugswürdig betrachtet werden. Ebenso wäre es bedenklich, überproportional ganz bestimmte Rechtsordnungen heranzuziehen, die gerade dem jeweiligen Rechtsvergleicher besonders naheliegen. Vielmehr ist, soweit dies möglich ist, die rechtsvergleichend sachlich und prinzipiell beste Lösung zu suchen, die sich zugleich inhaltlich in das System der eigenen Rechtsordnung einfügt.

Rechtsvergleichende Argumente sollten mit ausschlaggebender, nicht bloß kontrollierend-bestätigender Funktion daher nur dann herangezogen werden, wenn die der eigenen Rechtsordnung entstammenden Argumente für die Ermittlung der in diesem System bestbegründeten Lösung zu vage oder zu gegensätzlich sind. Andernfalls droht von der Heranziehung fremden Rechts die Gefahr, dass sie in die eigene Rechtsordnung Spannungen oder sogar Widersprüche sowie Überraschungseffekte hineinträgt, die bedenklicher sind als die ohnedies bestehenden Unterschiede, die häufig historisch gewachsen sind oder nationalen Vorlieben entsprechen.

Auch diese Verschiedenheit an sich bildet freilich, gemessen an Idealvorstellungen, einen Stein des Anstoßes. So wurde im Grundsatz zutreffend festgestellt, wie merkwürdig es sei, dass die Gerechtigkeit (besser freilich: die Konkretisierung der Gerechtigkeit) diesseits der Pyrenäen eine andere sei als jenseits. Die Vorteile einer positivrechtlichen **Rechtsvereinheitlichung** auf dafür besonders geeigneten, nämlich durch intensive internationale Wirtschaftsverflechtungen gekennzeichneten Rechtsgebieten sind daher gewiss erheblich, wofür das Wiener UN-Kaufrechtsübereinkommen (CISG) ein markantes Beispiel liefert. Auch die Pläne für eine europäische Privatrechtsvereinheitlichung im Rahmen der EU sind hier zu nennen. Dabei geht es allerdings um umfassende Gesetzeswerke (im europäischen Bereich wurde etwa an eine zur Wahl der Parteien gestellte „komplette“ Vertragsrechtsordnung – ein sog optionales Instrument – für übernationale Geschäfte gedacht), nicht mehr um interpretative Enklaven fremder Herkunft. Doch bleibt auch hier gegenüber zu weitgehender Euphorie abzuwägen, dass internationale Rechtsvereinheitlichung häufig den Preis interner Rechtszersplitterung mit den nicht vereinheitlichten Rechtsgebieten zu bezahlen hat. (***Beispiel:*** Das Leistungsstörungsrecht wird vereinheitlicht, das Recht der Willensmängel hingegen nicht.) Ferner besteht die Gefahr, dass sich Vereinheitlichung häufig am ehesten auf der **Basis des kleinsten gemeinsamen Nenners** bewerkstelligen lässt. Dieser tendiert manchmal eher zu simplen als zu sachlich und prinzipiell überzeugend durchdachten Lösungen. Dadurch könnte es oft zu sehr einfachen Gesetzesformeln kommen, die sich aber dann bei der konkreten Problembewältigung als ungemein vage und daher wenig hilfreich erweisen. Denkbar ist aber auch der umgekehrte Fall: Die Regelungen fallen zwar konkret, aber sehr undifferenziert und damit „rechtssicher“ aus, wodurch bei der Anwendung auf kompliziertere Fälle jedoch die (Einzelfall-)Gerechtigkeit auf der Strecke bleiben kann, da Ungleiches gleich behandelt würde. Beide Tendenzen sind unerwünscht.

8. Die Bedeutung ökonomischer Gesichtspunkte bei der Auslegung

Blickt man nur auf die Normen des geltenden Rechts und auf deren Auslegung, so können ökonomische Aspekte dabei von ganz unterschiedlicher Bedeutung sein; tendenziell stärker im Vermögensrecht und tendenziell schwächer etwa im Familienrecht. Zutreffend werden diese Gesichtspunkte bei der Suche nach den Zwecken einer Vorschrift, also bei der teleologischen Auslegung, eingeordnet. Die **„ökonomische Analyse des Rechts“**, eine aus Amerika stammende rechtstheoretische Strömung, stellt die **optimale Nutzung der** (immer zu knappen) **Ressourcen** ganz in den Vordergrund. Nach deren Vertretern soll sich die Zurechnung von Rechten und Pflichten auch im Privatrecht an dieser Maxime ausrichten. „Ökonomisch“ ist diese Analyse des Rechts in dem Sinne, als sie sich der Methoden der Ökonomik bedient. Die Ökonomik wiederum beschäftigt sich insbesondere mit der Untersuchung von rationalen Entscheidungen des „homo oeconomicus“ unter Nebenbedingungen. Wie auch sonst ist hinsichtlich dieses Ansatzes vor Einseitigkeiten zu warnen. Zum einen beachtet selbstverständlich bereits die klassische Auslegungslehre wirtschaftliche Aspekte. Zum anderen regieren in der Gesellschaft – auch in einer rationalen – nicht nur diese, wofür wohl ein Hinweis auf die häufig praktizierte Schenkung genügt. Beachtet man dies, kann der ökonomische Ansatz allerdings durchaus Rationalitätsgewinne mit sich bringen. Das gilt ganz besonders für die **Rechtssetzung**, also die Schaffung neuer Normen durch den Gesetzgeber, wobei deren wirtschaftliche Auswirkungen – und zwar sowohl gesamtwirtschaftlich wie auch individualisiert – vorweg so sorgfältig wie möglich erwogen werden sollten.

Doch auch für die Anwendung des geltenden Rechts wird der Einsatz der ökonomischen Analyse immer wieder gefordert; so etwa für das Schadenersatzrecht, wo sich häufig die Frage nach der **Effizienz** einer Regelung stellt. Man denke nur an die Totalschadenproblematik: Wann kann der Geschädigte im Sinne der Naturalrestitution die Reparatur der schwer beschädigten Sache verlangen und wann kann der Schädiger erfolgreich einwenden, die Behebungskosten lägen über dem Wert der unbeschädigten Sache? Oder im Bereich von Rechtswidrigkeit und Verschulden: Welche Anstrengungen zur Schadensvermeidung sind wirtschaftlich sinnvoll und ab wann wird es ineffizient, das geringe Restrisiko von Schadensfällen (etwa durch einen zusätzlichen Kontrollschritt) vermeiden zu wollen, sodass man einem Schädiger die Unterlassung solcher Maßnahmen womöglich wegen Unzumutbarkeit ihrer Vornahme nicht mehr vorwerfen kann?

In diesem Sinn würde also gefragt werden, welche von mehreren Auslegungsvarianten den von einer Norm verfolgten Zweck unter weitest gehender Schonung knapper Ressourcen erreichen könnte. Dabei leugnen die Vertreter der ökonomischen Analyse in aller Regel nicht, dass Recht auch anderen Kriterien – wie etwa jenen der Gerechtigkeit oder Moral – zu entsprechen hat. Doch sie verlagern diese Prüfung auf eine der Effizienz nachgelagerte Stufe, um zunächst alle zu beurteilenden Alternativen „gesinnungsfrei“ herauszuarbeiten. Wie überall kommt es dabei auf die richtige Gewichtung an (über die allerdings kaum einmal volle Übereinstimmung herrschen wird). Vor Scheinrationalität ist jedenfalls ernsthaft zu warnen. Diese Gefahr besteht schon deshalb, weil das Kriterium der Effizienz nach sorgfältiger empirischer Erhebung der Grundlagen sehr einfach und prägnant in Zahlen ausgedrückt werden kann. Diese Zahlen sind als Argumentationsbasis ungleich leichter zu erfassen und heranzuziehen als andere, nicht in ähnlicher Weise quantifizierbare auslegungsrelevante Aspekte (und damit für manche besonders verlockend).

Eine zu befürwortende Abwandlung des Konzepts eines streng wirtschaftlich und rational denkenden „homo oeconomicus“ stellt die sog **Verhaltensökonomie** dar. Sie geht von nicht (immer) vollkommen rational, sondern eben typisch menschlich agierenden Personen aus. Das ist vor allem dann klar vorzugswürdig, wenn es um Nichtunternehmer, also Verbraucher, geht; aber auch dann, wenn im betroffenen Bereich (zB im Familienrecht) streng rationales Verhalten nicht massiv dominiert. Den Handelnden werden also gewisse – zumindest vermeintliche Irrationalitäten – zugeschrieben, die etwa aus schwankenden Präferenzen, emotional dominierten Entscheidungen oder Herdenverhalten (zB am Kapitalmarkt) entstehen.

V. Das Phänomen der europarechtskonformen Auslegung

1. Ausgangslage

Das hier anzusprechende, unter den (gleichwertigen) Schlagworten „europarechts-“, „unionsrechts-“ oder „richtlinienkonforme“ Auslegung intensiv diskutierte Problem ist schwierig, weil vielschichtig. Es beginnt damit, dass die EU ihren Mitgliedstaaten in rechtlich verbindlicher Form, vor allem durch sog **Richtlinien**, vorgibt, wie sie bestimmte Bereiche ihrer eigenen innerstaatlichen Rechtsordnung zu gestalten haben; so vor allem häufig in Teilbereichen des Verbraucher(schutz)rechts. Die erste Aufgabe des Rechtsanwenders besteht dann darin, zu klären, wie sich der Inhalt dieser Richtlinie präzise darstellt. Damit ist die **Auslegung europäischer Rechtsnormen** angesprochen. Stellt sich in einem vor einem staatlichen Gericht geführten Rechtsstreit heraus, dass die innerstaatliche Rechtsnorm von der europäischen Richtlinienvorgabe abweicht, so ist sie dennoch anzuwenden. Allerdings muss der betreffende Mitgliedstaat mit einem Vertragsverletzungsverfahren wegen fehlerhafter Umsetzung rechnen; überdies ist er verpflichtet, den Umsetzungsfehler umgehend zu beseitigen. Ob ein solcher Fehler vorliegt bzw, anders formuliert, wie die konkrete Anordnung einer Richtlinie korrekt auszulegen ist, erfährt man vom **Europäischen Gerichtshof (EuGH)**, der im Interesse einheitlicher Auslegung von Unionsrecht über solche Fragen entscheidet. (Überprägnant wird dabei nicht selten von einem **„Auslegungsmonopol"** des EuGH hinsichtlich des Unionsrechts gesprochen.)

Erst nach diesen Erklärungen wird die hier entscheidende Frage verständlich. Sie lautet: Ob und inwieweit ist der Umstand, dass bei der Auslegung einer konkreten innerstaatlichen Norm eine mögliche Variante **richtlinienwidrig** wäre, während eine andere mit der Richtlinie zu vereinbaren ist, für das Auslegungsergebnis von Bedeutung? Die Tendenz geht deutlich dahin, eine Norm **so weit wie möglich im Sinne der Richtlinie** zu verstehen, die vom nationalen Gesetzgeber umzusetzen war. Ebenso wie für die bereits angesprochene verfassungskonforme Interpretation muss es dabei aber Grenzen geben. Über deren präzise Festlegung herrscht in der Diskussion keine Einigkeit. Die praktisch wichtigsten Fälle sind jene, in denen im Mitgliedstaat pflichtgemäß ein Umsetzungsgesetz erlassen wurde. Bei nicht von vornherein eindeutiger nationaler Regelung lautet die entscheidende Frage dann immer wieder: Soll es für den **Vorrang einer richtlinienkonformen Auslegung** bereits genügen, dass in den Erläuterungen zu einem Gesetz betont wird, damit werde eine bestimmte EU-Richtlinie umgesetzt, woraus (bloß) der generelle Wille zu korrekter Umsetzung erkennbar wird; auch dann, wenn eine konkrete Norm deutlich von der Richtlinienvorgabe abweicht?

2. Anwendungsprobleme an einem konkreten Beispiel

Beispiel *(zwecks besserer Verständlichkeit leicht vereinfacht; übrigens hat sich die Gesetzeslage nach Umsetzung zweier neuer europäischer Richtlinien zum 1.1.2022 geändert, indem das Problem [nur] für den Warenkauf eines Verbrauchers nunmehr ausdrücklich geregelt wurde): Ein privater Käufer (= Verbraucher) hatte von einem Baustoffhändler Bodenfliesen gekauft und anschließend verlegt. Erst danach stellte sich heraus, dass die Fliesen eine mangelhafte Oberfläche aufwiesen. Der Käufer verlangte vom Verkäufer Entfernung der alten mangelhaften und Verlegung von neuen vertragsgemäßen Fliesen (bzw die Tragung der Kosten für diese Arbeiten). Der Verkäufer war nur zur Übergabe ei-*

ner entsprechenden Menge vertragsgemäßer Fliesen bereit, weil er keine Pflicht zur Verlegung, sondern bloß eine solche zur Übergabe (zwecks Selbstverlegung) übernommen habe. Da das Geschäft unter die sog Verbrauchsgüterkauf-RL fiel, legte das (deutsche) Gericht dem EuGH die Frage vor, ob zur Mangelbehebung gemäß der Richtlinie in einem solchen Fall auch der Aus- und Einbau gehöre. Der EuGH betonte im Jahre 2011 ganz besonders die verbraucherschützende Tendenz der betreffenden Richtlinie und legte ihren Art 3 Abs 3, wonach der Verbraucher unentgeltliche Nachbesserung bzw Ersatzlieferung verlangen könne, sofern dies nicht unmöglich oder unverhältnismäßig ist, wohl nicht zuletzt im Sinne des vielfach beschworenen „effet utile" (unionsrechtliches Effizienzgebot) weit aus. Ergebnis des EuGH: Auch die Kosten von Aus- und Einbau einer zu einem solchen Zweck erworbenen Sache sind nach der Richtlinie verschuldensunabhängig vom verkaufenden Unternehmer zu tragen.

Ob dieses Ergebnis (der Auslegung bzw Fortbildung einer Richtlinienbestimmung, die häufig selbst wenig konkret formuliert ist) überzeugt, sei zunächst dahingestellt. (Zumindest in Österreich und Deutschland wurde überwiegend mit Hinweis auf die begrenzte vertragliche Erfüllungspflicht – Übergabe der Fliesen im Baustoffmarkt – ein gegenteiliges Ergebnis erwartet; ganz in diesem Sinn lautete übrigens auch der Entscheidungsvorschlag des zuständigen EuGH-Generalanwalts. Umgekehrt spricht sachlich einiges dafür, die Nachteile aus der vertragswidrigen Leistung eher dem Verkäufer als dem gutgläubigen Käufer anzulasten.) Jedenfalls hatte der OGH anschließend in einem vergleichbaren **Ausbau-Einbau-Fall** darüber zu entscheiden, ob und unter welchen Voraussetzungen eine unverändert gebliebene nationale Regelung (wie § 932 aF ABGB) nunmehr im Sinne der Richtlinie zu interpretieren ist, obwohl sie vorher anders, nämlich beschränkt auf Nacherfüllung im Sinne des kaufrechtlichen Pflichtenprogramms, verstanden wurde. Er folgte dem EuGH, legte die Vorschriften des österreichischen Rechts, die sich mit dem Verbesserungsanspruch beschäftigen, also richtlinienkonform (= im Sinne der Richtlinie, so wie sie der EuGH interpretierte) aus. Das ist wohl zutreffend und schon deshalb zulässig, weil der Begriff der Verbesserung keine klaren gesetzlichen Grenzen aufweist und für die Ausbau-Einbau-Konstellationen möglicherweise auch eine Regelungslücke besteht: Wie sich aus den Gesetzesmaterialien zum GewRÄG aus dem Jahre 2001 ergibt, wurde bei der Formulierung der Gewährleistungsnormen an solche Fälle nicht gedacht. Anders sieht es hingegen bei der Frage aus, ob der Verkäufer (= Übergeber) die Verbesserung unter Berufung auf einen ihn dabei treffenden unverhältnismäßig hohen Aufwand verweigern kann. Genau das war in § 932 Abs 4 aF ABGB vorgesehen (und ist es auch noch heute). Der EuGH meinte jedoch, die Richtlinie lasse einen solchen Einwand nicht zu. Nachdem der österreichische Gesetzgeber diesen Einwand allerdings ausdrücklich und ganz bewusst im ABGB – und damit auch für Verbrauchergeschäfte – vorgesehen hatte, kann die Norm insoweit nicht im Sinne der Richtlinie (wie sie der EuGH versteht) ausgelegt werden. Bindend ist eben nur die nationale Norm, nicht die Richtlinie, die bloß, aber immerhin, im Rahmen des methodisch Zulässigen zur Auslegung heranzuziehen ist.

Manche sehen das allerdings bis heute anders. Um die nationale Regelung **genau so wie deren Richtlinienvorgabe** zu verstehen und mit diesem Inhalt anzuwenden, wollen sie es mangels gegenteiliger Hinweise ausreichen lassen, dass der Gesetzgeber mit der Neufassung (hier: des Gewährleistungsrechts) die Vorgaben der Richtlinie vollständig und präzise umsetzen wollte („Generalumsetzungswille“); mit welchem methodischen Kunstgriff auch immer (oder auch ganz ohne einen solchen, nämlich bloß unter Berufung auf die Pflicht zur richtlinienkonformen Auslegung bzw den Vorrang dieser Auslegungsmethode). Richtlinienwidrig könnten danach überhaupt nur mehr jene Normen sein, bei deren Schaffung der nationale Gesetzgeber verbotener- und deklariertermaßen (!) von der Vorgabe abweichen wollte; also keine, da so etwas praktisch nicht vorkommt. Eine solche Position liefe in fast allen Fällen auf die **direkte Wirkung** einer Richtlinie in den Einzelrechtsordnungen der Mitgliedstaaten hinaus, obwohl eine solche Wirkung in Art 288 AEUV – anders als bei europäischen Verordnungen – gerade nicht vorgesehen ist, vielmehr ganz im Gegenteil grundsätzlich eben nur eine **Pflicht zur Umsetzung** in nationales Recht besteht. Ähnlich wie bei der Verfassungswidrigkeit einfacher Gesetze wird daher im Einzelfall eine Richtlinienwidrigkeit (mit daraus folgender Korrekturverpflichtung ex nunc) auch dann in Frage kommen, wenn sie vom nationalen Gesetzgeber nicht beabsichtigt war, ihm aber immerhin „passiert“ ist; etwa, weil sich der Gesetzgeber über die Reichweite einer Vorgabe nicht im Klaren war, sich aber bewusst für eine bestimmte – vom EuGH im Nachhinein als zu eng empfundene – gesetzliche Regelung entschieden hat.

Aber es wird noch komplizierter. Die Verbrauchsgüterkauf-RL galt nur für Verbrauchergeschäfte; und der EuGH ist nur für die Interpretation der Richtlinie zuständig. Die Umsetzung dieser RL erfolgte in Österreich aber (weitestgehend) im ABGB (anders im deutschen BGB, das einen eigenen Abschnitt über den Verbrauchsgüterkauf enthält; die Umsetzung der neuen, aktuellen Richtlinie [WKRL] erfolgte in Österreich ebenfalls in einem Spezialgesetz, dem VGG). Man spricht von **„überschießender" Umsetzung**, da der Gesetzgeber die Vorgaben über den Bereich (des Verbraucherrechts) hinaus umgesetzt hat, ohne dazu verpflichtet gewesen zu sein. Meist sollen damit Rechtszersplitterung sowie Wertungswidersprüche vermieden werden. Was galt aber nun, wenn ein *Unternehmer* gekauft hatte? Der OGH wählte in einer Folgeentscheidung den Weg der sog **gespaltenen Auslegung** und verwehrte dem Unternehmer-Käufer so den Anspruch auf Aus- und Einbau: Er legte die den Verbesserungsanspruch betreffenden Normen somit nur bei Verbraucherkäufen unionsrechtskonform weit aus, während er die Verbesserungspflicht ansonsten – wie früher – enger zog (bloße Pflicht zur Übergabe vertragsgemäßer Fliesen). Das ist schon deshalb nicht überzeugend, weil sich der österreichische Gesetzgeber seinerzeit bewusst für eine Gleichbehandlung von Verbraucherkäufen und sonstigen Käufen entschlossen hatte und überdies kein Unterschied in der Interessenlage zu sehen ist. Den vorläufigen Abschluss dieser – nicht unbedenklichen – Entwicklung stellt eine Entscheidung des OGH in einem sog **Dual-Use-Fall** dar: Der Käufer eines Fertigparketts verlegte das Holz sowohl in seinem beruflich genutzten Arbeitszimmer als auch in zwei Privaträumen. Obwohl der private Anteil deutlich überwog, lehnte das Höchstgericht die – auch nur teilweise – Heranziehung der für Verbrauchergeschäfte geltenden Regeln ab; und damit zugleich aufgrund der befürworteten gespaltenen Auslegung auch generell eine Pflicht des Parkettverkäufers zu Aus- und Einbau im Zuge seiner Verbesserungspflicht.

*Ein weiteres **Beispiel für Richtlinienwidrigkeit**, die auf methodisch zulässige Weise nicht behoben werden konnte, stellte die sowohl in Österreich als auch in Deutschland geltende Regelung dar, wonach die Ver-*

jährungsfrist zu Lasten eines Verbrauchers beim Verkauf gebrauchter beweglicher Sachen durch Vereinbarung auf bis zu ein Jahr verkürzt werden kann (§ 9 Abs 1 aF KSchG bzw § 476 aF BGB). Wie der EuGH in einer Entscheidung aus dem Jahre 2017 klargestellt hat, widersprach diese Verkürzungsmöglichkeit der zugrunde liegenden Verbrauchsgüterkaufrichtlinie, die generell eine Verjährungsfrist von mindestens zwei Jahren vorsah; die Verkürzungsmöglichkeit auf ein Jahr betraf hingegen bloß die Frage, in welchem Zeitraum nach der Übergabe der Mangel aufgetreten ist („Haftungsfrist"). Da der nationale Gesetzgeber aber bewusst und gewollt die Verkürzung der Verjährungsfrist gestattet hatte, blieb für eine europarechtskonforme Auslegung (im weiteren Sinn) kein Raum. Mittlerweile wurde diese Richtlinienwidrigkeit im Zuge der Neugestaltung des Verbrauchergewährleistungsrechts auf Basis der nunmehr von der WKRL gemachten Vorgaben, die auch eine Verkürzung der Verjährungsfrist gestatten, beseitigt (für Österreich siehe die §§ 10 Abs 4 und 28 Abs 1 VGG, für Deutschland § 476 Abs 2 iVm § 475e Abs 3 BGB). Die Rechtslage in der Schweiz, die ja keine Verpflichtung zur Umsetzung europäischer Richtlinien trifft, ist – wohl nicht nur – aus rechtsvergleichender Sicht einzigartig und widersprüchlich. Während nach Art 210 Abs 4 OR die Verjährungsfrist für die Sachgewährleistung beim Kauf gebrauchter beweglicher Verbrauchsgüter seit 1.1.2013 nicht auf weniger als ein Jahr verkürzt werden darf, wurde vom Gesetzgeber (sehenden Auges!) Art 199 OR beibehalten, nach dem die Gewährleistung auch zu Lasten von Verbrauchern zur Gänze ausgeschlossen werden kann. Einzige Ausnahme: Arglist des Verkäufers.

VI. Die Auslegung von Einheitsrecht

Eigene Regeln gelten für die Auslegung von sog **Einheitsrecht**; also von einem Normengefüge, das in die nationalen Rechte nicht eingebettet ist, sondern in kleineren, präzise abgegrenzten Bereichen für viele Staaten wortgleich (wenn auch notwendigerweise in verschiedenen Sprachen) geregelt ist. In diesen Fällen ist ein internationaler Gleichschritt bei der Auslegung („Wahrung des internationalen Entscheidungsgleichklangs") anzustreben. Daher greift der **Grundsatz autonomer Auslegung ein:** Die Vorschriften sind – soweit wie möglich – „aus sich heraus" zu verstehen, was eine Beschränkung auf das konkrete Normengefüge (inklusive seiner

Entstehung und seiner Zwecke) bedeutet. Gelegentlich finden sich derartige methodische Anweisungen im Regelungskomplex selbst.

Plakatives Beispiel dafür ist **Art 7 des UN-Kaufrechtsübereinkommens (CISG)**, der in seinem Abs 1 vorsieht, dass bei der **Auslegung** dieses Übereinkommens sein internationaler Charakter zu berücksichtigen ist und ebenso die Notwendigkeit, seine einheitliche Anwendung zu fördern. **Lückenfüllung** ist gemäß Abs 2 leg cit primär nach den dem Übereinkommen zugrunde liegenden allgemeinen Grundsätzen vorzunehmen; und falls nötig subsidiär nach den Grundsätzen jener (nationalen) Rechtsordnung, die gemäß den Vorschriften des internationalen Privatrechts anzuwenden ist. Um weitestgehend internationalen Entscheidungseinklang zu erreichen, ist anerkannt, dass Gerichte bereits ergangene Entscheidungen auch aus anderen Vertragsstaaten des Übereinkommens zu berücksichtigen haben.

VII. Die Auslegung in besonders schwierigen Fällen

1. Merkmale

Die besonders schwierigen Rechtsprobleme sind dadurch gekennzeichnet, dass sich die relevanten Interpretationsargumente aus den verschiedenen methodischen Ebenen einschließlich der objektiv-teleologischen in gewichtigem Umfang nicht nur auf unterschiedliche Auslegungsvarianten verteilen, sondern auch in unterschiedliche Richtungen weisen. Vorausgesetzt ist dabei, dass die noch später (S 109 ff) zu besprechenden **Vorrangrelationen** für die Interpretationsmethoden (mit ihrer Relativierung durch die notwendige „Gegenprobe“) zu keiner brauchbaren Lösung geführt haben. „Brauchbar“ wäre eine Lösung dann, wenn sie einerseits die Vagheitsprobleme der einschlägigen Rechtsregeln im Hinblick auf den Problemsachverhalt überwindet und andererseits keine Widersprüche insbesondere zu den Zweck- und Prinzipienschichten des Rechts aufweist. Einfache oder gar mechanisch anwendbare Patentrezepte („Schemata“) gibt es für die schwierigen Problemlagen naturgemäß nicht. Bevor aber der „Notausgang“ der richterlichen Eigenwertung legitimerweise gewählt werden darf, ist eine zusammenfassende Analyse und Abwägung aller bisher in die verschiedenen Richtungen vorgetragenen bzw auffindbaren rechtlichen Argumentationslinien geboten.

Die Betonung liegt dabei auf **„rechtlich“**. Sonstige Argumente, die subjektive oder auch gruppenweise Präferenzen rechtsunabhängig oder sogar mit rechtsfeindlicher Tendenz wiedergeben, können ja stets durch gegenteilige Präferenzen derselben Beschaffenheit bekämpft werden. Rationale Rechtsfindung ist daher nur bei entsprechender Beschränkung auf taugliche Argumente möglich. Die relevanten und daher abzuwägenden normativen Argumente müssen sich also aus dem Recht in allen seinen systematischen Schichten und aus den methodologischen Kriterien ableiten lassen. Das Recht ist dabei **weit zu verstehen**. Zu ihm gehören nicht nur die „positivrechtlichen“, also in Gesetzesform zur Verfügung stehenden Regeln, sondern auch die diesen zugrunde liegenden Zwecke sowie die ganze Rechtsinstitute und Rechtsmaterien beherrschenden Prinzipienschichten des Rechts, die universal wirken und die die generellen Zwecke von Recht beschreiben.

Unter diesen Voraussetzungen verlagert sich das Abwägungsproblem naturgemäß auf die objektiv-teleologische Ebene. Denn die anderen Methoden sind ja bereits, auch in ihrer Summierung, ohne zureichenden Erfolg eingesetzt worden. Das gilt freilich auch für die objektiv-teleologische Auslegung, wie sie bisher beschrieben wurde. Es bedarf also jetzt einer **objektiv-teleologischen Auslegung** von zusätzlicher Qualität, gleichsam **„höheren Grades“**. Bisher wurde ja in praktisch vereinfachender Weise mit „dem“ Zweck des Gesetzes, genauer: der auszulegenden konkreten Gesetzesnorm, gearbeitet. Das ist in weitem Umfang möglich, weil es aus dem gesamten Geflecht von unterschiedlichen Zwecken, die einer gesetzlichen Regelung meist zugrunde liegen, natürlich nur auf die gerade problemrelevanten ankommt, sodass die anderen vernachlässigt werden können.

Die Vereinfachung durch Heranziehung „des“ (einzigen relevanten) Zwecks des Gesetzes muss jedoch aufgegeben werden, wenn das gerade gestellte Problem in den Kollisionsbereich mehrerer auseinanderstrebender Ausgangsbewertungen oder Ausgangszwecke fällt und aus dem auszulegenden Gesetz samt seinem systematischen und historischen Kontext auf keinen bestimmten problemrelevanten Kompromiss rückgeschlossen werden kann. Selbst wenn das Gesetz, wie es vorliegt, zweifellos ein Kompromiss ist, kann doch die entscheidende Frage ungelöst geblieben sein, *wie weit* beim vorliegenden Problem die eine oder die andere kollidierende Wertung Vorrang haben sollte. Das wird sogleich (S 74 ff) an einem im Sachverhalt (nicht jedoch in der Lösung) einfachen Beispiel näher demonstriert; ebenso die zu seiner Lösung einzusetzende **„Prinzipienabwägung“** als objektiv-teleologische Auslegung höheren Grades.

2. Komplexe Streitfragen und juristische Theorien

Besonders umstrittene juristische Probleme fußen nicht selten auf sehr differenzierten und komplexen Sachverhalten; zugleich hängt die Lösung der gerade aktuellen Auslegungsfragen von der Klärung damit zusammenhängender Vor-, Seiten- und Folgefragen ab, die schon für sich schwierig genug sein können. Man denke nur an das gesamte Rechtsgeschäfts-, insbesondere Vertragsrecht als zusammenhängendes Problemfeld. Es bleibt dann nichts anderes übrig, als den Gesamtstand der für jede zentrale Lösungsvariante vorgetragenen und auffindbaren Argumente zu allen Teilproblemen einander gegenüberzustellen und sorgfältig dahingehend zu analysieren, welche der konkurrierenden Mengen von ihnen **besser** mit dem unstreitigen Rechtsinhalt **harmonieren** und **weniger** mit den Regeln und Prinzipien des Rechts **kollidieren**.

Können für jede vertretene Meinung gehaltvolle Argumente aus dem Recht abgeleitet werden, wird es bei der einen oder anderen Teilfrage kaum je ohne Kollision abgehen. Am besten begründet ist dann jener Auslegungsansatz, der gesicherten Elementen des Rechts und hier insbesondere den tieferen, systemtragenden Prinzipienschichten des Rechts am wenigsten widerspricht. Darüber, welche Auslegungsvariante dieses Kriterium erfüllt, können selbstverständlich auch gute und sorgfältige Juristen verschiedener Meinung sein. Schon deshalb bleibt es niemandem, der ein solches Problem zu beurteilen hat, erspart, sich selbst durch möglichst umfassende und kritische Analyse des Diskussionsstandes in seiner Relation zum gesicherten Rechtsinhalt eine rechtlich begründete eigene Meinung zu bilden.

Wo es darum geht, zentrale Probleme samt ihren Vor-, Neben- und Folgefragen einer einheitlichen, möglichst konsistenten, system- und sachgerechten Lösung zuzuführen, bezeichnet man auch in der Rechtswissenschaft in der Regel die grundsätzlichen Lösungsansätze als (rechtsdogmatische) **„Theorien"**. Sie versuchen, die vielfältigen und umfassenden Fragen in einem Problemfeld ausgehend von konsistenten Grundvorstellungen zu lösen. Damit sie Anerkennung verdienen, müssen sie den klaren Rechtsinhalt respektieren, die entsprechenden Lösungen aus den Prinzipien- und Zweckschichten des Rechts erklären und aus diesen auch für die offenen und streitigen Probleme möglichst konsistente und brauchbare Lösungen entwickeln.

Gegensätzliche Theorien müssen kritisch darauf überprüft werden, welche von ihnen diesen Anforderungen am besten entspricht. Man denke etwa im Recht der Verträge und sonstigen Rechtsgeschäfte an die Willens-, die Erklärungs-, die Vertrauens- und die kombinatorische Theorie. Aus anderen Rechtsgebieten sei an die Adäquanz- und die Äquivalenztheorie bei der Kausalität im Schadenersatzrecht erinnert; ferner an die verschiedenen Theorien der juristischen Person oder an die Einheitstheorie bzw die zwischen Leistungskondiktionen und allgemeinem Bereicherungsanspruch unterscheidende Trennungstheorie im Bereicherungsrecht. Hat sich eine Theorie einmal durchgesetzt, wird die Entscheidung vieler Einzelfälle mit ihrer Hilfe regelmäßig ungemein einfacher.

Im Vergleich mit der hier befürworteten umfassenden Theoriebildung und Theorieprüfung sind die **„Topik"** und andere **Diskurstheorien** weniger geeignet, praktisch verwertbare Ergebnisse zu liefern. Diese Ansätze versuchen, die entscheidenden normativen Gesichtspunkte durch freie Diskussion (unter häufig irrealen Voraussetzungen) zu gewinnen. Das bringt die Gefahr der Ufer- und Endlosigkeit mit sich. Jene Variante der Diskurstheorie, die den juristischen Diskurs wegen der zu respektierenden Verbindlichkeit des Rechts als „Sonderfall" auffasst und auch sonst auf begrenzende Argumentationsregeln besteht, ähnelt jedoch stark dem für besonders schwierige Problemlagen üblichen Vorgehen der Jurisprudenz, wie es eben beschrieben wurde. Daran, dass eine umfassende Diskussion unter Sachkundigen der beste Weg ist, um die für ein bestimmtes Problem möglicherweise relevanten Argumente so vollständig wie möglich zu sammeln und zu bewerten, sollte aber ohnehin kein Zweifel bestehen.

Von manchen wird die Verwendung des Theoriebegriffs für rechtsdogmatische Bemühungen allerdings von vornherein abgelehnt. Das geschieht jedoch zu Unrecht, auch wenn es sich manchmal wegen eines relativ engen Problembereichs um „Minitheorien" handelt. Eine Theorie ist eine Mehrzahl von Sätzen, die miteinander nicht im Widerspruch stehen, von denen ein Teil aus anderen dieser Sätze ableitbar ist und die zum Teil überprüfbar sind. Darüber hinaus weisen sie **Entwurfscharakter**, also ein spekulatives Element, auf. Sie sollen einen möglichen Weg zu erweiterter Erkenntnis aufzeigen und erreichen dieses Ziel, wenn und soweit sie sich in der Folge experimentell oder sonst (wie in der Rechtswissenschaft) praktisch, durch weitgehende Anerkennung, bewähren.

In der Jurisprudenz umfasst das **„Satzsystem" einer Theorie** idealerweise die Wiedergabe der möglicherweise relevanten Rechtsregeln samt ihren bereits bekannten Zweck- und Prinzipienschichten, eine Zweck- oder Prinzipienhypothese für die offene zentrale Auslegungsfrage und die Ableitung der Ergebnisse für die betroffenen konkreten Sachverhaltstypen und (exemplarischen) Einzelfälle samt den für solche Ableitungen erforderlichen Sachaussagen über die Tatsachen des Normbereichs.

Diese **Sachaussagen** sind in demselben Ausmaß **überprüfbar** wie sonstige empirische Behauptungen. Die Bezugnahmen auf das Recht sind aus dem Recht selbst und den (dazu gehörenden) methodischen Regeln der Jurisprudenz kritisierbar. Die **Zweck- oder Prinzipienhypothese** muss sich daran bewähren, dass sie die im Einzelnen bereits bekannte Rechtslage einfach und überzeugend erklärt und hinsichtlich der besonders schwierigen Rechtsfragen zu Ergebnissen führt, die keine systematischen Widersprüche im Recht (einschließlich seiner fundamentalen Prinzipienschichten) hervorrufen. Zugleich sollten diese Ergebnisse praktisch anwendbar sein und der Mehrzahl der Mitglieder der Rechtsgemeinschaft zumindest vertretbar erscheinen. Bei solchen Rechtsfragen, die sich dem Laien nur durch ausführliche und zeitraubende Erklärungen vermitteln ließen, denen sich kaum jemand aussetzen will, muss dabei die Rechtsgemeinschaft durch die zureichend sachkundigen Juristen repräsentiert werden.

All dies gilt auch für die bei besonders schwierigen Rechtsfragen so oft im Zentrum stehende Frage des **„wie weit"**; also nach dem genaueren Vorrangbereich, der im jeweiligen Problembereich einem von mehreren relevanten, aber kollidierenden Prinzipien zukommt.

3. Veranschaulichung an einem Beispiel (mit Ausführungen zu Rechtsprinzipien und deren Kollision)

Das in seinem Sachverhalt einfache ***Demonstrationsbeispiel*** lässt sich wieder dem Rechtsbereich des eigenhändigen Testaments entnehmen: Ein mit individuellen Schriftzügen verfasstes Testament ist ebenso eigenhändig unterzeichnet mit „Euer Vater". Die Gültigkeit dieses letzten Willens hängt, da die anderen Voraussetzungen ohne weiteres bejaht werden müssen, davon ab, ob man diese Unterfertigung als solche mit dem „Namen" des Testators qualifizieren kann.

In wörtlicher Analyse ist das nach dem allgemeinen Sprachgebrauch klar zu verneinen, da in diesem als „Name" nur ein Wort bezeichnet wird, das geradezu die Funktion hat, ein bestimmtes Individuum als solches zu identifizieren. Das ist bei bloßen Verwandtschaftsbezeichnungen nicht der Fall: Väter gibt es millionenfach. Unter bestimmten logischen Gesichtspunkten und in einem davon bestimmten, gewiss eher seltenen Sprachgebrauch kann aber als „Name" jede Bezeichnung gelten, die tatsächlich *unter gewissen Umständen* ein bestimmtes Individuum identifiziert, auch wenn dies nicht die allgemeine Funktion dieses Wortes ist. Das ist bei der Verwandtschaftsbezeichnung der Fall, wenn aus dem Inhalt des Testaments und den sonstigen Nebenumständen hervorgeht, an wen der Testator seine Erklärung richten wollte: Der Vater der so angesprochenen Menschen – die im Testament üblicherweise namentlich vorkommen – ist durch die Verwandtschaftsbeziehung eindeutig bestimmt. Auch die Funktion, Endgültigkeit und damit Geltung zum Ausdruck zu bringen, fehlt der – etwa im Briefverkehr unter Verwandten nicht seltenen – Unterfertigung mit der Verwandtschaftsbezeichnung nicht.

Dennoch spricht auf der Ebene der **sprachlichen Gesetzesauslegung** der weitaus überwiegende Sprachgebrauch *gegen* ein Ausreichen dieser Unterfertigung. Durch die **systematisch-logische**

Auslegung wird das eher noch bekräftigt, da die Vorschriften über den Erwerb des Vor- und des Familiennamens eindeutig auf den Namen im allgemein-sprachgebräuchlichen Sinn zielen. Allerdings betreffen sie eine ganz andere Interessenkonstellation, nämlich nicht den Konflikt zwischen verschiedenen Erbanwärtern, sondern bloß die Erlangung gerade eines allgemeinen Identifizierungsmerkmals, nicht zuletzt im Interesse staatlicher Behörden.

Im Rahmen **historischer Auslegung** findet sich nur der Hinweis, dass die „Fertigung" in der Weise erfolgen muss, deren sich der Erblasser „gewöhnlich bedient" (*Ofner,* Der Ur-Entwurf und die Berathungs-Protokolle des Österreichischen Allgemeinen bürgerlichen Gesetzbuches I [1888] 347). Das könnte für die Tauglichkeit der Unterfertigung sprechen, wenn der Erblasser im Familienkreis so zu unterschreiben pflegte. Doch ist dies ein schwaches und in Wahrheit ambivalentes Argument, da dies eben nur im Familienkreis, nicht aber generell in Frage kommt und nur manche Väter das während ihres Lebens so handhaben.

Der Grund, warum die Unterfertigung mit dem „Namen" erfolgen soll, ergibt sich aus den Materialien nicht, obwohl die darin bestätigte Endgültigkeits- und Geltungsfunktion der Unterfertigung offensichtlich auch durch eine andere Schlussformel zum Ausdruck gebracht werden könnte; zB durch „Das eben Erklärte ist mein letzter Wille", oder „Das hiermit Angeordnete soll nach meinem Tod mit meinem Vermögen geschehen". Ein so „unterschriebenes" Testament ist aber sicher formungültig, da von einer Unterfertigung durch den Testator mit „seinem Namen" in keinem denkbaren Sinn die Rede sein kann. **Objektiv-teleologisch** folgt nämlich aus den oben angestellten allgemeineren Überlegungen, dass aus dem gesetzlichen Tatbestandsmerkmal „Namen" nur ein Rückschluss auf *einen* vernünftigerweise anzunehmenden **Zweck** möglich ist: Dem Testator wird die geringe Mühe zugemutet, durch die Unterfertigung mit dem Namen die **Identifizierung des Textverfassers aus der Urkunde selbst** entscheidend zu erleichtern. Wenn die Nennung der Personen, an die sich die letztwilligen Anordnungen primär richten, und die sonstigen Umstände über diese Personen keinen Zweifel offenlassen, ist – wie schon gesagt – die Bezeichnung „Vater" eine eindeutige Identifizierung des Testators. Das sollte dem hier maßgebenden Zweck genügen.

Hinsichtlich des historisch wohlbelegten Zwecks der gesamten Formvorschrift, eine verlässliche Echtheitsprüfung anhand der Urkunde selbst zu ermöglichen, sind jedoch gewisse Zweifel anzumelden: Die Unterschrift, deren sich ein Mensch üblicherweise bedient, ist noch stärker als seine sonstige Handschrift individuell geprägt; die Besonderheiten sind durch oftmalige Wiederholung verfestigt. Die eigenhändige Unterschrift mit dem Namen im üblichen Sinn ermöglicht also eine über die Prüfung des sonstigen eigenhändigen Textes hinausgehende Echtheitskontrolle. Daran fehlt es bei der Unterschrift mit „Euer Vater" wohl regelmäßig. Der Gesetzeszweck der Echtheitsprüfung ist also nicht bestmöglich realisiert, wenn auch das Manko angesichts des insgesamt für den Schriftvergleich zur Verfügung stehenden Textes sehr geringfügig ist. (Anders sieht es selbstverständlich bei einem mechanisch hergestellten Text aus, zu dem nur die Unterschrift „eigenhändig" ist.) Daher ist auch nicht ausgemacht, dass der erwähnte Gesetzeszweck wirklich bis in die jetzt angesprochene letzte Konsequenz verwirklicht werden sollte. Das könnte als überspitzter und unnötiger Formalismus erscheinen.

Man muss sich also auf die Suche nach weiteren Argumenten machen und könnte dabei im Bereich der **Prinzipien** (und einer möglichen **Prinzipienkollision**) fündig werden. Die Zweifel an der Notwendigkeit einer insoweit engeren Auslegung lassen sich nämlich untermauern, wenn man auf die **Testierfreiheit** Bedacht nimmt. Nach diesem das Erbrecht beherrschenden Prinzip hat jedermann grundsätzlich die Möglichkeit und die Befugnis, über sein Vermögen für die Zeit nach seinem Tod nach seinem Willen zu verfügen. Dass dieser Grundsatz dem ganzen Rechtsinstitut „Testament" zugrunde liegt, ist evident. Er wird freilich auf den ersten Blick durch den Grundsatz der Formbedürftigkeit von Testamenten eingeschränkt. Dieser Grundsatz ist ebenfalls wohlbegründet, weil zu den üblichen Gründen für Formstrenge (vor allem Übereilungsschutz) bei bestimmten Rechtsgeschäften gerade im Erbrecht hinzutritt, dass man den Erblasser nicht mehr über den Inhalt und die Endgültigkeit seines Willens befragen kann. Es ist also ohne Zweifel unzulässig, die Formvorschriften zur Durchsetzung der Testierfreiheit generell so weit wie möglich einzuschränken, weil darin eine Verletzung des – teleologisch gut begründeten – Grundsatzes der Formbedürftigkeit läge.

Es handelt sich beim besprochenen Unterfertigungsproblem somit um einen kleinen Unterausschnitt der Kollision zwischen Testierfreiheit und Formstrenge (wobei die Formstrenge den guten Zweck hat, sicherzustellen, dass die Verfügung tatsächlich vom Verstorbenen stammt – und damit in gewisser Weise durchaus die Interessen auch des Erblassers wahren soll). Der Grund, warum man sich als kritischer Beurteiler nicht ohne weiteres damit zufriedengibt, dass der weitaus überwiegende Sprachgebrauch einen engeren Namensbegriff kennt, der „Vater" nicht einschließt, liegt naturgemäß nicht in sprachlichen Bedenken. Das Problem liegt vielmehr darin, dass der hochrangige Grundsatz der Testierfreiheit hier sogar zugunsten eines am Rande liegenden und daher schwachen Aspekts des Formgebotes zurücktreten sollte.

Prinzipien, also rechtliche Grundwertungen, die ganzen Rechtsinstituten oder Rechtsmaterien zugrunde liegen, sind nicht wie konkrete Rechtsregeln auf unmittelbare Anwendung angelegt. Sie sind auch nicht so weit wie maximal möglich zu realisieren, was schon wegen ihrer häufigen Kollision nicht funktionieren kann. Sie sind vielmehr **Optimierungsgebote**: Im Kollisionsfall ist eine Abwägung nötig, die ein Prinzip nur so weit einschränkt, wie dies wegen des gegensätzlichen anderen Prinzips notwendig und verhältnismäßig ist. Diese Notwendigkeit und Verhältnismäßigkeit sind bei unserem Problem im Gesetz und seinen unmittelbaren Zweckgrundlagen nicht klar vorentschieden. Hier werden auch bei Anerkennung der Unterschrift „Euer Vater" die Zwecke der Formvorschrift zwar nicht vollständig, aber doch sehr weitgehend realisiert. Ihr Zurücktreten betrifft nur ein zusätzliches, keineswegs unbedingt nötiges Element der Echtheitsprüfung. Dafür wird aber die durch die Formvorschriften ohnehin deutlich eingeschränkte Testierfreiheit von einer verschärften, überspitzt anmutenden Einschränkung entlastet. Mangels deutlicher Vorgaben im Gesetz und seinen Grundlagen bezüglich des „wie weit" der beiden gegensätzlichen Prinzipien gerade bei diesem Problem spricht die dann notwendige, speziell problembezogene Abwägung eher für die Gültigkeit des Testaments. Die zusätzliche Einschränkung der Testierfreiheit wäre substanziell und daher gewichtiger als die Einschränkung bloß eines entlegenen Teilaspekts des Formzwanges.

Das methodisch auf objektiv-teleologischer Stufe „höheren Grades" – nämlich durch **Prinzipienabwägung** – gewonnene Ergebnis, dh der zur Problemlösung benötigte konkretere Rechtssatz lautet aufgrund der soeben angestellten Abwägung also: Die Unterfertigung mit einer Verwandtschaftsbezeichnung, die den Testator nach dem Testamentsinhalt und den Umständen eindeutig identifiziert, entspricht (gerade noch) dem Erfordernis der Unterschrift mit „seinem Namen".

Wer der üblichen Namensunterfertigung für die Echtheitsprüfung aus empirischen Gründen größere Bedeutung beimisst, als dies hier für zutreffend gehalten wird, gelangt zu einem anderen Ergebnis. Kann er fachwissenschaftliche Gründe für stärkere Wünschbarkeit oder gar Notwendigkeit eines Namenszuges im üblichen Sinn für die Schriftuntersuchung beibringen, die der vorstehenden „alltagstheoretischen" Beurteilung dieser Frage entgegenstehen (nach der Auskunft eines wissenschaftlich und praktisch erfahrenen Schriftsachverständigen bestehen solche Gründe allerdings nicht), wäre ihm unter Preisgabe der hier vertretenen Meinung zu folgen. Rechtsfragen der höheren Schwierigkeitsgrade lassen sich nun einmal häufig nicht mit an Sicherheit grenzender Wahrscheinlichkeit beurteilen. Jedenfalls sollten aber die vorstehenden Überlegungen gezeigt haben, dass weder mit der rein sprachlichen Ebene eines selbst ganz deutlich überwiegenden Sprachgebrauches noch mit vermeintlich einfachen allgemeinen Überlegungen eines etwa in Anspruch genommenen „gesunden Menschenverstandes" auszukommen ist, da man zunächst die rechtliche Analyse so weit treiben muss, wie dies eben möglich ist. Diese mitunter mühsame Arbeit bleibt bei sonstigem Verzicht auf bestmögliche Rationalität unvermeidlich.

Daran ändert auch die unbestrittene Tatsache nichts, dass in der Rechtspraxis die methodische Argumentation üblicherweise schon aus Zeitgründen weniger ausführlich und explizit entwickelt wird und dass sie sich beim dargestellten Problem vielleicht von vornherein auf die Frage konzentriert, ob die eigenhändige Namensfertigung im engeren Sinn für die Echtheitsprüfung eine wesentliche oder nur eine geringe ergänzende Bedeutung hat. (Als klares Zeichen für die Endgültigkeit und den Abschluss des Erklärten reicht die Unterfertigung mit „Euer Vater" ja jedenfalls aus.) Umfangreiche juristische Erfahrung ermöglicht häufig solche abgekürzte Argumentation. Von Zufallstreffern abgesehen, ist diese allerdings in aller Regel nur unter der Voraussetzung brauchbar, dass man sich die vollständige methodische Entwicklung der Argumente zunächst wenigstens an Modellbeispielen bewusst gemacht hat. Nur dann kann man ein zureichendes „Gefühl" („Judiz") dafür entwickeln, was als naheliegend oder banal gar nicht explizit gesagt werden muss und wo der eigentliche Schwerpunkt des Problems liegt.

An dieser Stelle sei noch ein weiterer Aspekt der **Kollision von Prinzipien** angesprochen. Dieses Phänomen verlangt sowohl bei der **Rechtssetzung**, also der Gesetzgebung, als auch bei der **Rechtsanwendung** Beachtung. Dabei ist wie auch sonst die Vermeidung von Extremismen gefragt. Sehr schön lässt sich dies am Beispiel des **Verbraucher(schutz)rechts** zeigen. Auch wenn dort dem **Prinzip „Schutz des Schwächeren"** eine besondere Bedeutung zukommt, so darf nicht jede Neuregelung oder Auslegungsbemühung hinsichtlich einer verbraucherrechtlichen Norm allein mit Blick auf dieses Prinzip erfolgen. Nach wie vor müssen ja auch etwa der allgemein-privatrechtliche Grundsatz der Vertragstreue oder die zentrale – und zugleich konkretisierungsbedürftige – Idee der Gerechtigkeit Beachtung finden; also auch die schutzwürdigen Interessen des Vertragspartners eines Verbrauchers. In diesem Sinn wäre es daher abzulehnen, wollte man bei auslegungsbedürftigen Normen immer quasi automatisch jene Auslegungsvariante wählen, die für den beteiligten Verbraucher zum günstigsten Ergebnis führt. (Gegenwärtig ist eine solche Tendenz etwa bei der Anwendung des in § 6 Abs 3 KSchG verankerten „Transparenzgebots" zu beobachten: Kaum eine AGB-Klausel erscheint der Rechtsprechung des OGH klar genug, um vor diesem Maßstab zu bestehen.) Vielmehr muss eben auch auf die verständlichen Interessen des anderen Teils geblickt werden. Diesen wichtigen Aspekt betont die neuere Lehre von der **beidseitigen Rechtfertigung von Rechtsfolgen**. Keine Hilfe können diese Überlegungen allerdings dann bieten, wenn der Gesetzgeber ohne Zweifel eine Regelung unter weitestgehender Ignorierung dieser Maxime getroffen hat. (In Extremfällen liegt dann aber uU Verfassungswidrigkeit vor.)

Beispiel: *Das Schweizer Konsumkreditgesetz enthält zunächst näher umschriebene Pflichten des Kreditgebers zur Kreditwürdigkeitsprüfung.*

> *Für den Fall ihrer schwerwiegenden Verletzung sieht das Gesetz im Anschluss daran ausdrücklich vor, dass der Kreditgeber nicht nur seine Ansprüche auf Zinsen und Kosten, sondern auch den Anspruch auf Rückzahlung der gewährten Kreditsumme verliert (Art 32 Abs 1)!*

Das ist ebenso eindeutig wie unsachlich, auf der Ebene des einfachen Gesetzes aber als klarer Norminhalt hinzunehmen. Der Gesetzgeber hat hier die Interessen des Konsumenten sowie den Präventionsaspekt offensichtlich sehr einseitig beachtet und überbetont, dabei jedoch etwa nicht einmal danach differenziert, was der Kreditnehmer mit dem Kredit gemacht hat, ob er nicht zumindest einen Teil des Kredits ohne weiteres zurückzahlen könnte usw. Von beidseitiger Rechtfertigung kann hier also nicht die Rede sein. Vergleichbares gilt wohl für § 100 des österreichischen BWG, der – nicht ganz so extrem wie das Schweizer Beispiel – einem Unternehmer sogar für ein von ihm vollkommen vertragsgemäß erledigtes Bankgeschäft jeden Vergütungsanspruch abspricht, wenn er solche Bankgeschäfte ohne die dafür erforderliche Berechtigung (Bankkonzession) betreibt; ebenso sind für solche Geschäfte zugunsten des Unternehmers bestellte Bürgschaften und Garantien unwirksam.

C. Die ergänzende Rechtsfortbildung (vor allem Analogie und Reduktion)

I. Grundlagen

1. Das Verhältnis zur Auslegung im engeren Sinn

Wer den Ausdruck **„ergänzende Rechtsfortbildung"** zum ersten Mal hört, wird damit wohl kaum etwas anfangen können. Er klingt jedenfalls ziemlich verdächtig und erklärt sich keinesfalls von selbst. Was ist damit also gemeint und in welchen Konstellationen kann bzw muss dieser Weg bei der **„Rechtsfindung"**, also dem Auffinden des für bestimmte Sachverhalte normativ Gültigen, gewählt werden? Wie so oft lässt sich das Anliegen dieser methodischen Rechtsfigur am besten an einer konkreten Fragestellung veranschaulichen; hier: der Begründung von Sicherungseigentum.

> ***Beispiel:*** *Viele Rechtsordnungen verlangen für das wirksame Entstehen eines Pfandrechts, also eines dinglich wirkenden Sicherungs- und Befriedigungsrechts (vor allem) die körperliche Übergabe der Pfandsache (§ 451 ABGB, § 1205 BGB). Können die Beteiligten einen ganz ähnlichen Effekt, nämlich die vorzugsweise Sicherung eines einzelnen Gläubigers, auch durch die Verschaffung von Eigentum (zu Sicherungszwecken) ohne eine solche körperliche Übergabe erreichen? Wäre das so, könnte der Sicherungsgeber die Sache weiterhin benutzen, was bei Verpfändung beweglicher Sachen grundsätzlich ausscheidet. Für das Eigentum sind regelmäßig erleichterte Übergabeformen vorgesehen; so reicht etwa nach § 428 ABGB (ebenso nach § 930 BGB) das Besitzkonstitut aus, bei dem die Sache beim Veräußerer bleibt, der Erwerber aber dennoch Eigentum erlangt. Rein vom Wortlaut her wäre also § 428 ABGB anwendbar, sofern die Parteien eine – wenn auch bloß vorübergehende – Eigentumsverschaffung gewollt haben. Eigentlich wollten sie aber bloß ein sehr pfandähnliches Recht begründen, wobei der Sicherungsgegenstand beim Sicherungsgeber bleibt. Es ist daher zu fragen, ob nicht eine Gesetzesumgehung vorliegt, die es zu verhindern gilt.*

Wie man an diesem Beispiel sieht, stellt sich das Problem der Zulässigkeit und der Reichweite ergänzender Rechtsfortbildung also immer dann, wenn „normale" Auslegung zu einem Ergebnis führt, gegen das **ernsthafte systematische oder teleologische Beden-**

ken bestehen. Auslegung (insbesondere des § 451 ABGB) allein hilft nämlich nicht weiter: Die heute überwiegend anerkannte Abgrenzung unterscheidet eben nach dem *noch möglichen* sprachlichen Sinn einer anzuwendenden und daher auszulegenden Rechtsregel: Methodische Ergebnisse, die sich **noch im Rahmen des möglichen Wortsinns** bewegen, gehören zur **Auslegung**. Wird dieser mögliche **Wortsinn** dagegen **überschritten** (Eigentumsverschaffung ist keine Pfandrechtsbegründung), kann nur noch **ergänzende Rechtsfortbildung** vorliegen. Ihre legitimen Voraussetzungen werden in der Folge zu klären sein.

Eine andere Auffassung will entsprechend der Absicht des Gesetzgebers unterscheiden und nur bei deren Überschreitung eine entsprechende Rechtsfortbildung vornehmen. Das ist jedoch viel weniger unterscheidungskräftig: Soll eine streng wortlautgemäße Gesetzesanwendung Rechtsfortbildung sein, wenn historische Bekundungen über die Absicht des Gesetzgebers in andere Richtungen gehen? Soll die objektiv-teleologische Rechtsanwendung, auch wenn sie zur sprachlich ohnehin naheliegenden Interpretation führt, durchwegs Rechtsfortbildung sein, weil historische Hinweise auf die subjektive Absicht des Gesetzgebers fehlen?

Demgegenüber ist die Unterscheidung nach dem, was dem rechtlichen Beurteiler unmittelbar vorliegt, also nach dem Gesetzestext in einer möglichen sprachlichen Bedeutung, praktisch viel besser handhabbar. Das zeigt sich vor allem dort, wo die Unterscheidung ihre größte Bedeutung hat, nämlich wo der **Analogieschluss** wegen verschärfter Rechtssicherheitsanforderungen als Hauptform der Rechtsfortbildung **ausgeschlossen** ist. Wie bereits erwähnt (S 25), ist das insbesondere im Strafrecht zulasten des Beschuldigten der Fall: Eine Bestrafung soll nur bei Vorliegen einer publizierten Strafnorm im Zeitpunkt der Tatbegehung erfolgen können, an der man sich relativ leicht orientieren konnte. Dem liefe es völlig zuwider, wenn allein aus Hinweisen auf eine weitere Absicht des Gesetzgebers Strafbarkeit abgeleitet werden könnte, die im veröffentlichten und nachlesbaren Gesetzestext aber nicht zum Ausdruck kommt. Gerade im modernen Strafrecht wird jedoch von manchen in subtilen Ausführungen vertreten, dass die Abgrenzung entsprechend dem möglichen Wortsinn aufgegeben werden sollte. Besser handhabbare Abgrenzungskriterien haben diese Stimmen freilich nicht hervorgebracht. Zuzugeben ist nur, dass auch das Kriterium des möglichen Wortsinns seinen Begriffshof hat und daher nicht in allen Grenzfällen trennscharf ist. Doch gilt dies für andere Abgrenzungsvorschläge in noch stärkerem Maße.

Grundsätzlich ist daher an dieser Stelle hervorzuheben, dass juristische Begriffe und Abgrenzungen nicht allein deshalb mit Erfolg kritisiert werden können, weil sie nicht für jeden einzelnen Fall eine messerscharfe Grenzziehung erlauben. Es ist jedoch wenig überzeugend, anderen Meinungen das **Fehlen mathematisch präziser Trennschärfe** vorzuhalten, während die eigene Meinung solchen Anforderungen erst recht nicht genügt. Nur derjenige darf sich legitim auf solche Kritik berufen, der selbst ebenso sach- und systemgerechte, aber präzisere Abgrenzungen anzubieten hat. In der Jurisprudenz muss man sich sehr weitgehend mit Kriterien begnügen, die in den meisten Fällen zumindest hinreichend trennscharf sind, in besonderen Grenzfällen aber eben Interpretationsfragen aufwerfen und allenfalls nur durch „richterliche Eigenwertung" ihrer letzten problemrelevanten Zuspitzung zuzuführen sind. Schon die griechische Philosophie wusste, dass es sinnlos ist, mehr an Präzision zu fordern, als auf dem jeweiligen Wissensgebiet möglich ist.

Für das Kriterium des möglichen Wortsinns spricht aber vor allem entscheidend, dass es prägnant eine unterschiedliche methodische Ausgangslage bezeichnet: Wer an die positiven Einzelregeln des Gesetzes, die ihm in Gestalt eines Textes entgegentreten, gebunden ist und einen einschlägigen Fall zu beurteilen hat, kann seine Bindung nur realisieren, also die Vorschrift nur anwenden, wenn er sich eine Meinung über den zunächst zweifelhaften problemrelevanten Gehalt des Textes gebildet hat. Ohne Auslegung geht es also schlechthin nicht. Ist aber der mögliche sprachliche Sinn der positiven Regeln überschritten, so könnte man sich durchaus vorstellen, dass ohne Verletzung der Bindung an die positiv erlassenen Vorschriften eine rechtliche Beurteilung des von keinem möglichen Wortsinn einer Norm erfassten Falles oder Fallelements schon deshalb abzulehnen ist. Man würde einen solchen Sachverhalt also durchgehend als rechtlich irrelevant behandeln **(„rechtsfreier Raum")** bzw jedenfalls nicht der von ihrem Wortlaut her unpassenden Norm unterwerfen. Das wäre zwar, wie sich sogleich zeigen wird, verfehlt. Die rechtliche Relevanz und Beurteilungsbedürftigkeit von Sachverhalten, die nicht einmal möglicherweise unter eine positiv erlassene Vorschrift mit ihrem sprachlichen Gehalt fallen, muss allerdings gesondert begründet werden. Es wäre selbstverständlich nicht akzeptabel, an irgendwelche Vorgänge weit außerhalb jeder erkennbaren rechtlichen Erfassung Rechtsfolgen zu knüpfen; zB Schadenersatz zuzusprechen, wenn sich jemand für ein Geschenk nicht zureichend bedankt oder wenn jemand auf eine Bitte um Rückruf nicht unverzüglich reagiert.

Die methodische Besonderheit der ergänzenden Rechtsfortbildung liegt also gerade in der Notwendigkeit des Nachweises, dass ein bestimmter Sachverhalt, der sich einer gesetzlichen Regel auch in ihrem weitest möglichen sprachlichen Verständnis nicht zuordnen lässt, trotzdem einer rechtlichen Beurteilung bedarf; und zwar nicht bloß im Wege des **Umkehrschlusses** (zu diesem noch S 91 ff) nach dem Motto: Da der Wortlaut der Norm nicht erfüllt ist, greift auch ihre Rechtsfolge nicht ein. Daher empfiehlt sich auch der verschiedentlich übliche – nicht zuletzt vom EuGH gepflogene – Sprachgebrauch nicht, die Rechtsfortbildung als Interpretation oder Auslegung (im weiteren Sinn) zu bezeichnen. Man könnte zwar durchaus sagen, dass es immer noch um Interpretation geht, freilich jetzt nicht des Gesetzes im Sinne der Einzelvorschriften, sondern des gesamten Rechtssystems. Das hervorgehobene charakteristische Merkmal der Rechtsfortbildung würde durch die hier abgelehnte Einheitsterminologie aber unzweckmäßigerweise verwischt werden.

2. Der „allgemeine negative Satz"

Die Zweckmäßigkeit der Unterscheidung sowie die Möglichkeit ergänzender Rechtsfortbildung überhaupt besteht für die **gesetzespositivistischen Meinungen** nicht. Diese vertreten – mehr oder weniger strikt – den **„allgemeinen negativen Satz"**. Danach gilt, dass außerhalb der positiven Rechtsregeln kein Recht existiert. Sachverhalte oder Sachverhaltselemente, die nicht bestimmten positiven Rechtstexten zugeordnet werden können, seien daher rechtlich stets irrelevant. Sie bringen also keine Rechtsfolgen, insbesondere keine Ansprüche oder Einreden, hervor. Die Denkmöglichkeit einer **Gesetzes- oder Rechtslücke**, die erst durch ergänzende Rechtsfortbildung geschlossen werden muss, wird folglich von vornherein **abgelehnt**.

Sachlich entscheidend ist allerdings, dass diese Grundhaltung **weder theoretisch noch praktisch begründbar** ist. Natürlich kann man einen besonders engen Rechtsbegriff bilden, der genau zu dem beschriebenen Ergebnis führt. Ebenso gut sind aber auch andere Rechtsbegriffe möglich, die für die Bewältigung der juristischen Grundaufgabe (rational nachvollziehbare Entscheidung von Konfliktfällen) wesentlich zweckmäßiger sind. Besonders paradox ist die gesetzespositivistische Verengung übrigens dann, wenn in einer Rechtsordnung das Gesetz selbst klar die Möglichkeit einer Gesetzeslücke anerkennt und ergänzende Rechtsfortbildung anordnet, wie in § 7 ABGB und in Art 1 OR.

So heißt es in § 7 ABGB wörtlich: *„Lässt sich ein Rechtsfall weder aus den Worten, noch aus dem natürlichen Sinne eines Gesetzes entscheiden, so muss auf ähnliche, in den Gesetzen bestimmt entschiedene Fälle, und auf die Gründe anderer damit verwandten Gesetze Rücksicht genommen werden."*

Um das „wegzuinterpretieren", bedarf es großer Energie und mangelnder Scheu vor einem Zirkelschluss, weil mit der Lückenlosigkeit des Rechts, also der eigentlich erst zu beweisenden These, bereits argumentiert werden muss. Zu diesem Zweck fasst man eben den Rechtsbegriff so eng, dass Lücken nicht möglich sind. Damit gerät man aber gerade in Widerspruch zum Gesetz, nämlich zu § 7 ABGB.

Der positivistischen Kritik an der Möglichkeit einer Gesetzeslücke und damit an der Rechtsfortbildung fehlt es also an einer tauglichen Grundlage. Dazu kommt die breite **rechtshistorische Erfahrung**, dass allein mit vorformulierten Rechtsregeln niemals das Auslangen gefunden wurde, sondern stets vielfältige Anlehnungen und Erweiterungen notwendig waren und sind. In einem Recht, das gar nicht auf kasuistische Perfektion angelegt ist, wie zB das österreichische Privatrecht, kommt man insbesondere ohne Rechtsfindung durch Analogie nicht aus, wie sich sogleich an Beispielen zeigen wird.

Abschließend kurz gesagt: Der **„allgemeine negative Satz"**, ob ausdrücklich aufgestellt oder impliziert, ist klar **abzulehnen**. Worauf es allein ankommt, ist die Erarbeitung der bestbegründeten Kriterien für ergänzende Rechtsfortbildung.

3. Die Gesetzeslücke

Dem unter 1. beschriebenen spezifischen methodischen Ausgangsproblem der ergänzenden Rechtsfortbildung entspricht die dafür nach zutreffender und ganz überwiegender Meinung geltende Voraussetzung der **Gesetzeslücke**. Darunter versteht man das **planwidrige Fehlen einer Norm**, die zumindest im Rahmen des weitest möglichen Sprachsinns auf das anstehende Sachproblem unmittelbar tatbestandlich anwendbar wäre. Diese Voraussetzung ist notwendig, weil andernfalls auszufüllende Regelungslücken von schlicht rechtsfreien Räumen überhaupt nicht unterschieden werden könnten. Das müsste zur beliebigen Rechtsfortbildung ohne jeden Zusammenhang mit dem geltenden Recht führen.

Die Definition der Gesetzeslücke zeigt, dass das bereits verwendete Beispiel der Sicherungsübereignung ein **zusätzliches methodisches Problem** aufwirft: Da es um *Eigentums*verschaffung geht, wären vom Wortlaut her eigentlich die gesetzlichen Regeln des Eigentumserwerbs heranzuziehen, die ja existieren, weshalb bereits das Vorliegen einer Lücke begründungsbedürftig ist (in Deutschland wird eine Lücke mit Hinweis auf die gesetzlichen Eigentumserwerbsregeln übrigens ganz überwiegend abgelehnt). Aus Gründen der Übersichtlichkeit wird die damit zu klärende Vorfrage einer (teleologischen) **Reduktion** (hier: des Anwendungsbereichs der – insoweit möglicherweise zu weit formulierten – Eigentumsverschaffungsregeln für die Begründung gerade von Sicherungseigentum) jedoch erst später (S 97 ff) gesondert behandelt.

Beschrieben wird die Gesetzeslücke in der Regel als **„planwidrige Unvollständigkeit“** der vorfindlichen Rechtsvorschriften. Es fehlt also für einen konkret zu beurteilenden Sachverhalt eine ihrem Text nach (auch bei dessen weitestem Verständnis) anwendbare Vorschrift, die jedoch vorhanden wäre, wenn der Gesetzgeber seinem Plan oder Entwurf für die Rechtsordnung nur konsequent gefolgt wäre.

Es wäre allerdings eine wirklichkeitsferne Vorstellung, dass ein solch umfassender „Generalplan“ für die zu erlassende Gesamtgesetzesordnung tatsächlich entworfen, jedoch in der Folge unzureichend beachtet wird. Sie würde an der Realität und den Möglichkeiten der Gesetzgebung vorbeigehen. Die realistische Interpretation der „planwidrigen" Unvollständigkeit geht dahin, dass in den konkreten gesetzlichen Regelungen die **Zwecke und Grundwertungen (Prinzipien)**, vor denen sich die Gesetzgebung im jeweils fraglichen Zusammenhang leiten ließ, **nicht konsequent und umfassend realisiert** wurden. Die irreale Voraussetzung eines systematischen Planes vor der Gesetzgebungsaktivität ist also entbehrlich; „Teilpläne" in dem Sinn, dass man sich über die Zwecke und Grundwertungen einer im Gang befindlichen Regelung Gedanken macht, sind jedoch durchaus realistisch.

Der Grund für mangelnde umfassende Zweckkonsequenz und Konsistenz bei der Formulierung von Normen liegt häufig im Fehlen einer vollständigen Übersicht der in der Gesetzgebung tätigen Menschen über die zahlreichen variationsfähigen Sachverhalte, die an sich von jenen Zwecken oder Grundwertungen erfasst sind. Solche **„Vollständigkeitsfehler"** unterlaufen vor allem dann, wenn die Gesetzgebungsarbeit im Übermaß auf eine bestimmte Fallgestaltung fixiert ist, aber auch dadurch, dass an eher ungewöhnliche Sachverhaltskonstellationen bei der Vorbereitung eines Gesetzes schlicht nicht gedacht wird. Beispielhaft erwähnt seien hier nur die bereits bekannten Ausbau-Einbau-Fälle im Gewährleistungsrecht (dazu schon S 64 ff), an die offenbar weder beim Abfassen der europäischen Verbrauchsgüterkauf-RL noch bei deren nationaler Umsetzung durch das GewRÄG gedacht wurde. (Behoben wurde das Regelungsmanko erst durch die WKRL und das VGG, wobei der österreichische Gesetzgeber die Aus- und Einbaupflichten des Übergebers bewusst nicht auch im ABGB verankern wollte, was zu einer wenig überzeugenden Ungleichbehandlung führt.)

Gelegentlich können gewisse Sachverhaltsunterschiede wegen unzureichender Analyse, also aufgrund von Tatsachenirrtümern, auf den ersten Blick relevant erscheinen, ohne es bei näherer Betrachtung tatsächlich zu sein. Wegen eines solchen Irrtums im Gesetzgebungsverfahren wurden sie in der gesetzlichen Tatbestandsformulierung aber nicht miterfasst. Nicht selten kommt es auch vor, dass der Gesetzgeber einen bestimmten Sachverhalt sehr wohl als regelungsbedürftig erkennt, aber wegen (wirklich oder vermeintlich) geringer praktischer Bedeutung keine ausdrückliche Regel für ihn aufstellt, sondern für den Bedarfsfall deren Gewinnung, insbesondere per analogiam, „Rechtsprechung und Lehre" überlässt, wie es dann in den Gesetzesmaterialien oft heißt. Auch in diesem Fall wäre es also „planwidrig", wenn die Ableitung der benötigten Regel unter reduktionistischen Vorwänden nach dem schlichten Motto „der Gesetzestext sieht keine Differenzierung vor" verweigert würde.

Das Merkmal der Gesetzeslücke wird somit ohne große Schwierigkeiten verständlich, wenn man die „Lücke" auf die auf unmittelbare Anwendung angelegte Regelschicht, also die konkret ausformulierten Gesetzesnormen, bezieht und darüber hinaus zu ihrer Abgrenzung die inhaltlich-systematisch tieferen Zweck- und Prinzipienschichten des Rechtssystems heranzieht. Von dort, also der Zweck- und Prinzipienschicht, her müssen im Wesentlichen auch die Instrumente der Lückenausfüllung kommen.

Aus praktischer Sicht steht die **„teleologische" Lücke** im Vordergrund, die von manchen auch irreführend als „unechte" Lücke bezeichnet wird: Dabei fordert der problemrelevante Gesetzeszweck im (bereits bei der Auslegung erörterten) subjektiv-historischen oder objektiv-teleologischen Sinn in Verbindung mit dem Gerechtigkeitsgrundsatz des Gleichmaßes eine Erstreckung der Rechtsfolge der Ausgangsnorm (Analogiegrundlage) auf einen von ihrem sprachlich fixierten Tatbestand auch im äußersten möglichen Sprachverständnis nicht mehr erfassten Sachverhalt. Das wird damit begründet, dass dieser Sachverhalt gemäß dem maßgebenden Zweck der Ausgangsnorm gleich regelungsbedürftig und, ohne Widersprüche hervorzurufen, gleich zu regeln ist, ohne dass dies aber eine vorgegebene (gesetzliche oder gewohnheitsrechtliche) Rechtsvorschrift aussprechen würde. Hier wird die Lücke durch ein und denselben methodischen Gedankengang festgestellt und geschlossen, nämlich durch Rückbesinnung und Rückgriff auf den Gesetzeszweck.

*Am **Beispiel** der Sicherungsübereignung: Die gesetzlich zwingende Notwendigkeit der körperlichen Übergabe einer beweglichen Pfandsache hat ihren unbestrittenen Grund darin, besonders intensive Publizität herzustellen. Nur wenn sich die Sache nicht mehr beim Pfandbesteller befindet, scheiden Täuschungen Dritter über den beim Pfandbesteller noch vorhandenen Haftungsfonds aus. Keine andere Bewertung der Beteiligteninteressen ist dann vorzunehmen, wenn sich die Parteien des Sicherungsverhältnisses dazu entschlossen haben, nicht bloß ein Pfandrecht zu begründen, sondern zur Erreichung des Sicherungszwecks sogar Eigen-*

tum zu übertragen (das allerdings bei Wegfall des Sicherungszwecks wie eine Pfandsache wieder an den Sicherungsgeber zurückgelangen soll).

Heikler ist die Feststellung und Behandlung von **„Prinzipienlücken"**. Darauf wird bei Erörterung der Prinzipienanwendung zurückzukommen sein (S 103 f). Einfacher verhält es sich dagegen mit der Feststellung der **logischen („echten") Lücken**. Sie werden teilweise sogar von modernen Rechtspositivisten als methodisch relevant und ausfüllungsbedürftig zugestanden. Hier ist eine vorhandene positive Norm ohne Ergänzung gar nicht anwendbar.

Beispiel: *In einem bestimmten Zusammenhang wird die Verzinsung einer Geldforderung angeordnet, jedoch ohne Angabe des Zinssatzes. Der klassische rechtspositivistische Ausweg läge sogar hier im freien Ermessen des Richters, der den Zinssatz nach Belieben festsetzt. Pragmatischere Auffassungen bevorzugen, selbstverständlich zu Recht, analoge Anwendung einer nach Zweck oder Grundwertung geeigneten Regel, die eine Zinshöhe angibt. (Im österreichischen Recht stellt sich hier übrigens von vornherein kein Analogieproblem, da bei fehlender Regelung immer § 1000 Abs 1 ABGB zu Hilfe kommt.)*

Im Vorgriff auf spätere genauere Erörterungen zur **„Lex-lata-Grenze"** (S 113 ff) ist hier bereits hervorzuheben, dass die legitimen methodischen Möglichkeiten der anwendungsorientierten Rechtswissenschaft durch die **Entscheidungsprärogative (Vorrecht) des Gesetzgebers** – ohne die die staatliche Organisation der Gesellschaft mit Herausbildung besonderer Gesetzgebungsorgane sinnlos wäre – de lege lata in spezifischer Weise beschränkt sind. Nahezu alle modernen Verfassungen unterscheiden streng zwischen **Rechtssetzung (Gesetzgebung)** und **Rechtsanwendung (Vollziehung der Gesetze)**. Das gilt natürlich auch und gerade für die ergänzende Rechtsfortbildung. Sie findet dort ihre **Grenze**, wo der klare Wortlaut der Regelschicht mit der deutlich nachweisbaren historischen Absicht des Gesetzgebers übereinstimmt. Bei der ergänzenden Rechtsfortbildung besteht das Textelement im Fehlen einer sprachlich auch nur möglicherweise auf den anstehenden Problemsachverhalt anwendbaren Regel. Beruht das **Fehlen einer solchen Regel** aber nun gerade auf einer **bewussten Entscheidung des Gesetzgebers**, ein bestimmter Sachverhalt solle keine oder zumindest nicht die gerade ins Auge gefassten Rechtsfolgen auslösen, so liegt keine „planwidrige" Unvollständigkeit der Regelschicht vor. Das gilt wegen der bewussten gesetzgeberischen Entscheidung zur Andersbehandlung selbst dann, wenn dieses Fehlen sachlich bzw systematisch unbegründet und daher de lege ferenda mit rechtlichen Argumenten aus den tieferen Schichten des Rechts zu bekämpfen (und womöglich sogar verfassungswidrig) ist.

Beispiel: *Als in einem früheren Stadium der vielen österreichischen Reformen des Namensrechts verheirateten Frauen ausdrücklich das Recht eingeräumt wurde, ihren Mädchennamen dem Mannesnamen nachzustellen (Doppelname), wenn der Mannesname zum Ehenamen wurde, sollte nach der den Materialien entnehmbaren Absicht des Gesetzgebers dem Mann im umgekehrten Fall (Frauenname als Ehename) diese Möglichkeit verschlossen bleiben. Irgendein zureichender, insbesondere der Gleichberechtigung entsprechender Grund dafür war nicht zu erkennen. Die bewusste Entscheidung des Gesetzgebers stand aber – so die Rechtsprechung – der analogen Anwendung des Namensnachstellungsrechts der Frau auf den Mann entgegen. (In dieser Auslegung hatte man es wohl unzweifelhaft mit einer verfassungswidrigen Norm zu tun, die nach österreichischem Recht aber bis zur Aufhebung durch den VfGH wirksam ist.)*

Allerdings gilt auch die Lex-lata-Grenze strikt nur **rebus sic stantibus**, also vorbehaltlich einer gravierenden Änderung der Umstände. Treten in neueren Rechtsschichten abweichende gesetzgeberische Wertungen hervor, die zu deutlichen Wertungswidersprüchen im Verhältnis zum älteren Gesetz führen, kann diese Grenze zur Behebung des Widerspruchs durch **„Funktionswandel“** (dazu noch später S 117 ff) verschoben werden.

II. Analogie und Umkehrschluss

1. Die angebliche „Schaukel“

Der **Analogieschluss** als primäre, weil gesetzesnäheste Methode der Rechtsfortbildung wurde schon im vorigen Abschnitt bei der Ermittlung der „teleologischen“ Lücke beschrieben: Der problemrelevante Gesetzeszweck (etwa des Erfordernisses der körperlichen Übergabe bei der Verpfändung) ist aus historischem Erkenntnismaterial oder objektiv-induktiv zu erschließen. Danach ist er deduktiv auf das anstehende, vom Gesetzestext nicht erfasste Fallproblem anzuwenden. Erschlossen wird damit auch die Rechtsfolge der Ausgangsnorm; zwar nicht für „unmittelbare“, wohl aber für analoge Gesetzesanwendung. Die **maßgebende Ähnlichkeit** (Analogie) zwischen der von ihrem Wortlaut her nicht anwendbaren Regel (Verpfändung) und dem Problemfall (Sicherungsübereignung) wird dadurch hergestellt, dass der Zweck der ersteren auch auf den letzteren „passt“; mehr noch: dass eine Verschiedenbehandlung grob wertungswidersprüchlich wäre.

Ein weiteres ***Beispiel*** *ist das Schriftlichkeitsgebot des Bürgschaftsrechts (§ 1346 Abs 2 ABGB, § 766 BGB), das übereilte Haftungsübernahmen für fremde Schuld verhindern soll. Dieselbe Ratio gilt für die Übernahme persönlicher Haftung in ähnlicher Weise – wie etwa durch Schuldbeitritt oder Garantie. Deshalb spricht teleologisch alles für eine analoge Anwendung des bürgschaftsrechtlichen Formgebotes auf diese anderen Sicherungsformen, obwohl sich in deren Kontext – sofern überhaupt gesonderte gesetzliche Regelungen existieren – keine Regelung der Formfrage findet und an sich der Grundsatz der Formfreiheit gilt.*

Gelegentlich muss die Analogiefrage entschieden werden, ohne dass es möglich ist, mit zureichender Plausibilität einen problemrelevanten Gesetzeszweck positiv zu ermitteln. Dann kann die Analyse des Unterschieds zwischen den textlich durch die Ausgangsnorm erfassten Fällen und dem sicher darüber hinausgehenden anstehenden Problemfall ergeben, dass die Sachunterschiede nach allen im Kontext erkennbaren rechtlichen Zwecken und Wertungen irrelevant sind.

Beispiel: *Selbst wenn man nicht zureichend klären kann, warum genau bei Vermietung einer Eigentumswohnung der Mieter geringeren Schutz erhält als bei einer sonstigen Wohnungsmiete, ist die betreffende Regel analog auf die Vermietung einer im (alten, nur mehr selten aufrechten) Stockwerkseigentum stehenden Wohnung anzuwenden. Die Gemeinsamkeit, nämlich das dingliche ausschließliche Verfügungsrecht bloß über einen Teil des Hauses, ist so deutlich, dass die Unterschiede in der Eigentumskonstruktion im Zusammenhang des Mieterschutzes keine erkennbare Rolle spielen können.*

Dem Analogieschluss steht der **Umkehrschluss (argumentum e contrario)** scharf gegenüber. Hier wird gefolgert, dass die in einer Rechtsvorschrift angeordnete Rechtsfolge nur unter den tatbestandlichen Voraussetzungen dieser Vorschrift gelten soll, also gerade nicht auf von ihrem Wortlaut nicht erfasste Fälle auszudehnen ist. Es gehört zu den Standardeinwänden von Methodenkritikern, dass die beiden gegensätzlichen Schlussformen stets zur Wahl stünden.

Das ist aber nur unter der verfehlten Prämisse richtig, dass als rechtlich relevant nur die formulierten Rechtsvorschriften in Frage kommen. Selbst pragmatischere Gesetzespositivisten gestehen jedoch wenigstens der aus anderen Erkenntnisquellen erkennbaren Absicht des Gesetzgebers bei der Auslegung erhebliche Bedeutung zu. Warum sollte das bei der Rechtsfortbildung anders sein? Aus dem bereits Gesagten ergibt sich die Widerlegung des Einwandes von selbst: Wenn man nicht bloß den Gesetzestext, also den „Buchstaben" des Gesetzes beachtet, sondern – etwa mit § 7 ABGB! – auch auf seine Zwecke (Gründe) sieht, kann von der **angeblich beliebigen „Schaukel" zwischen Analogie- und Umkehrschluss** als grundsätzlichem Einwand gar keine Rede sein. Es kommt vielmehr darauf an, ob der problemrelevante Zweck des Gesetzes sich nur auf die tatbestandlich erfassten Sachverhalte erstreckt (dann Umkehrschluss) oder darüber hinausgeht (dann *und insoweit* Analogieschluss). Verweise bloß auf den Wortlaut des Gesetzes helfen bei dieser Frage, wie bei zahlreichen anderen methodischen Problemen, nicht weiter.

> ***Beispiel:*** *§ 1327 ABGB sieht für gesetzliche Unterhaltsgläubiger, etwa minderjährige Kinder, eines schuldhaft Getöteten Schadenersatzansprüche gegen den Verantwortlichen auf das vor, was ihnen durch die Tötung entgeht. Wie sind nun etwa Kaufpreis-, Darlehens- oder Schadenersatzforderungen gegen den Getöteten zu beurteilen? Auch diese Gläubiger kommen wegen der Tötung ihres Schuldners nicht zu ihrem Geld, sind durch die Tötung ihres Schuldners also ebenfalls („mittelbar") geschädigt. Ein Analogieschluss von den Unterhaltsforderungen auf die anderen Ansprüche lässt sich nicht etwa mit dem Hinweis auf den Gesetzeswortlaut abwehren: Dieser Wortlaut wird ja bei jedem Analogieschluss überschritten! Entscheidend ist vielmehr der evidente Zweck der genannten Vorschrift, dem existentiell bedeutsamen Unterhaltsbedarf der Betroffenen besonderen Schutz zu gewähren. Das und nicht der Wortlaut verlangt hier unbestrittenermaßen einen Umkehrschluss.*

Richtig ist, dass in manchen Fällen die Anwendung der genannten Kriterien im Ergebnis zweifelhaft bleiben kann, weil der maßgebende Zweck nicht zureichend präzise zu ermitteln ist. Das ist aber kein Argument für die zahlreichen Fälle, in denen die Ratio einer Anordnung offensichtlich ist. Dann bleibt allerdings noch der Einwand aus dem anerkannten Zentralprinzip der Rechtssicherheit übrig: Einerseits sprechen Gerechtigkeitserwägungen für Gleichbehandlung, andererseits könnte das geschriebene Gesetzesrecht tendenziell den Schutz des Vertrauens auf unterschiedliche Behandlung rechtfertigen. Konsequenz dieses Gedankens könnte sein, die analoge Anwendung auf die **Vermeidung grober Wertungswidersprüche** zu beschränken. Diese Voraussetzung wäre im Falle der Sicherungsübereignung jedenfalls erfüllt, da dem zwingenden pfandrechtlichen Publizitätsprinzip in Österreich ohne Zweifel zentrale Bedeutung zukommt.

Bei differenzierter Sicht vom Umkehrschluss zu unterscheiden ist das **argumentum e silentio**. Darunter versteht man einen Schluss aus dem Schweigen sowohl des Textes als auch der ratio legis, also des Normzwecks: Der Zweck einer Regel beschränkt deren Rechtsfolge nicht schlechthin auf die im Text tatbestandlich erfassten Fälle, lässt also an sich Analogie zu; nicht aber auf den gerade anstehenden Sachverhalt.

Ein – mittlerweile ebenfalls rechtshistorisches – ***Beispiel*** *dafür kann wiederum § 1327 ABGB liefern. Das Familienrecht unterschied früher terminologisch deutlich zwischen Unterhaltsleistungen (im engeren Sinn) und familiären Arbeitsleistungen (für die Ehe Haushaltsführung, Pflege und Erziehung der Kinder, ehelicher Beistand). Auf den Verlust dieser Arbeitsleistungen durch Tötung des familienrechtlichen Schuldners war § 1327 ABGB wegen des zutreffenden Gesetzeszwecks (Wahrung existentieller Bedürfnisse) analog anzuwenden. Damals handelte es sich also hinsichtlich der anderen Forderungsarten (Kaufpreis-, Darlehens- oder Schadenersatzforderungen Dritter) um ein argumentum e silentio. Seit der Gesetzestext auch die familiären Arbeitsleistungen unter den – nunmehr weit gefassten – Unterhaltsbegriff bringt, geht es um bloße systematische Gesetzesauslegung und Umkehrschluss.*

In diesem Zusammenhang ist ausdrücklich festzuhalten, dass eine bewusste Entscheidung des Gesetzgebers gegen die Zulässigkeit analoger Anwendung nicht etwa willkürlich oder allein mit dem Argument des Gesetzeswortlautes unterstellt werden darf; etwa nach dem Motto: Das Gesetz hat eben nur bestimmte Fälle erfasst und daher nur diese erfassen wollen. Damit ist selbstverständlich noch kein gewollter Ausschluss ähnlicher Fälle bewiesen. Es bleibt ja möglich, dass sie den bei der konkreten Gesetzgebungsaktivität engagierten Menschen nicht zureichend bewusst geworden oder dass sie vielleicht gerade der Rechtsfindung durch Analogieschluss überlassen worden sind. Im Zweifel darf dem Gesetzgeber schon wegen seiner Bindung an Gerechtigkeitsgleichmaß und Gleichheitsgrundsatz gewiss nicht der Wille zu einer davon abweichenden und damit willkürlichen Regelung unterstellt werden. Ob aufgrund dieser Überlegung bereits bei Zweifeln über die Frage einer bewusst inkonsequent getroffenen Regelung durch den Gesetzgeber Analogie und nicht Umkehrschluss geboten ist, hängt wohl davon ab, wie stark man das bereits angesprochene, uU gegenläufige Prinzip der Rechtssicherheit gewichtet, das ja tendenziell für den Schutz eines Vertrauens der Rechtsunterworfenen in die differenzierende Gesetzes(text)lage spricht. Ein solcher Schutz muss jedenfalls dort seine Grenze finden, wo Gleiches erkennbar grob ungleich behandelt werden würde, weil massive, vom Gesetzgeber nicht beabsichtigte Wertungswidersprüche verhindert werden müssen, wobei zugleich auf eine solche (massiv widersprüchliche) Rechtslage nicht vertraut werden darf. Inkonsistenzen geringeren Ausmaßes, die sich wohl in jeder Rechtsordnung in größerer Zahl finden lassen, sollten hingegen de lege lata akzeptiert werden; auch dann, wenn nicht geklärt werden kann, ob sich der Gesetzgeber der Widersprüchlichkeit bewusst war. Es darf hier allerdings nicht verschwiegen werden, dass die methodische Diskussion (auch) in diesem Punkt bisher zu keinem einheitlichen Ergebnis geführt hat

2. Arten des Analogieschlusses

a) Die einfachste Form ist die **Einzelanalogie (Gesetzesanalogie)**, die auch bisher zugrunde gelegt wurde: Der **Zweck einer bestimmten einzelnen Vorschrift** passt auf den gerade dadurch rechtsähnlichen, vom Gesetzestatbestand aber textlich nicht erfassten Fall.

> ***Beispiel:*** *§ 862a ABGB bestimmt entsprechend der Zugangs- oder Empfangstheorie für die Annahmeerklärung beim Vertragsschluss, dass diese mit Zugang beim Empfänger wirksam wird. Für andere Willens-*

erklärungen, die einem anderen gegenüber abzugeben sind, wie etwa Vertragsofferte, Kündigung, Rücktritts- oder Optionserklärung, fehlt im ABGB eine diesbezügliche Vorschrift, obwohl alle diese Erklärungen dem Gesetz natürlich bekannt sind. Die entsprechenden Regeln können aber gar nicht angewendet werden, ohne dass man weiß, wann bzw wodurch die betreffende Willenserklärung wirksam wird. Es liegt also eine ***„logische" Lücke*** *vor. Auszufüllen ist sie durch Analogie zu § 862a ABGB entsprechend dem Zweck dieser Regel, das Transportrisiko der Erklärung nach der besseren Gefahrenbeherrschung zu verteilen: Der Absender bestimmt die Art des Transportes; damit kann allein er das eigentliche Transportrisiko beeinflussen. Ab dem Eingehen in die Herrschaftssphäre des Empfängers, dem Zugang, sind nach der Natur der Sache dieser Empfänger und seine organisatorischen Vorkehrungen dafür zuständig, dass die Erklärung alsbald dem Adressaten zur Kenntnis gelangt. Dieser Risikoverteilungszweck passt nun nicht nur für eine Annahmeerklärung, sondern für alle empfangsbedürftigen Willenserklärungen gleichermaßen.*

b) Die **Gesamtanalogie (Rechtsanalogie)** ermittelt hingegen **aus einer Reihe von gesetzlichen Regeln** einen gemeinsamen Grundgedanken und wendet diesen, weil keine der einzelnen Regeln passt, sehr wohl aber der gemeinsame Gesetzesgrund, auf den ähnlichen, nicht unmittelbar geregelten Fall an.

Beispiel: *Alle im Gesetz näher erfassten Dauerschuldverhältnisse (Miete, Pacht, Arbeitsverhältnis, Gesellschaft) enthalten eine Regel, die besagt, dass sie von jedem Vertragsteil einseitig ohne Rücksicht auf die vereinbarte Dauer aus wichtigem Grund fristlos aufgelöst werden können. Die Vertragsfortsetzung kann insbesondere durch Vertragsverletzungen des anderen Teils, aber auch durch objektiv geänderte Umstände unzumutbar werden. Viele Dauerschuldverhältnisse werden nun kraft Vertragsfreiheit mit einem Inhalt geschlossen, der ihre Einordnung unter die gesetzlich geregelten Typen von Dauerschuldverhältnissen ausschließt (zB Bezugsvertrag, Gebrauchstausch, Dauerkauf, Dauertransportvertrag). Die Regel vom wichtigen Grund ist aber kraft Gesamtanalogie auch auf sie anwendbar. Der Zweck, unzumutbare Bindungen in Dauerbeziehungen zu vermeiden, trifft ja auch hier voll zu. Wie der drohende Wertungswiderspruch zeigt, liegt hier eine* ***teleologische Lücke*** *vor, die ohne Schwierigkeiten geschlossen werden kann.*

3. Die Größenschlüsse als verstärkte Unterarten der Analogie

Der Größenschluss ist in **zwei Varianten** verwendbar: als Schluss vom Kleineren auf das Größere **(argumentum a minori ad maius)** überträgt er die Rechtsfolge einer Regel auf einen textlich nicht erfassten Sachverhalt, der nach dem Zweck der Regel dieser Rechtsfolge umso mehr bedarf (also sogar „mehr als bloß rechtsähnlich" ist).

> ***Beispiele:* 1.** *Nach § 349 ABGB geht der Besitz an einer Sache verloren, wenn sie ohne Hoffnung des Wiederauffindens in Verlust gerät, freiwillig weggegeben wird oder in fremden Besitz gelangt. Umso mehr tritt Besitzverlust – trotz Nichtnennung dieser Fallgruppe in § 349 ABGB – dann ein, wenn die Sache (etwa durch einen Brand) vollständig zerstört wird.*
>
> ***2.** § 22 Abs 1 des österreichischen Unterhaltsvorschußgesetzes sieht eine Rückzahlungspflicht von Vorschüssen unter anderem dann vor, wenn diese zu Unrecht ausgezahlt wurden und sie der Zahlungsempfänger „vorsätzlich oder grob fahrlässig für den Unterhalt des Kindes verbraucht hat". In einem konkreten Fall hatte der Empfänger die erhaltenen Zahlungen nun nicht für das Kind, sondern für sich selbst ausgegeben. Ein Größenschluss aus der gesetzlichen Regelung ergibt, dass er das Geld dann erst recht zurückzubezahlen hat.*

Der Schluss vom Größeren auf das Kleinere **(argumentum a maiori ad minus)** führt zu einer Wendung ins Negative: Wenn nicht einmal ein nach dem Gesetzeszweck weitergehender Tatbestand eine bestimmte Rechtsfolge hat, dann umso weniger der engere.

> ***Beispiel:*** *Nicht einmal der schutzwürdige redliche Besitzer kann gegen die Herausgabeklage des Eigentümers einwenden, er habe für die Sache einem Dritten einen Kaufpreis gezahlt (§ 333 ABGB). Der Zweck ist die Klarstellung, dass den Eigentümer die Beziehungen des Besitzers zu Dritten wegen ihrer bloß relativen Bedeutung nichts angehen. Umso mehr gilt dieser Zweck dann, wenn der Besitzer unredlich und daher weniger schutzwürdig ist.*

Auf die Rechtsfolgenseite übertragen besagt das letztgenannte Argument, dass dann, wenn ein Sachverhalt nach einer bestimmten Regel eine weitergehende Rechtsfolge ermöglicht, umso mehr eine weniger weitgehende (nicht: einfach eine andere!) in Betracht kommen muss.

Beispiel: *Hat der Aufsichtsrat einer Aktiengesellschaft aufgrund bestimmter Ereignisse das in § 75 Abs 4 AktG vorgesehene Recht, den Vorstand (endgültig) abzuberufen, muss er erst recht die weniger einschneidende Maßnahme der (vorläufigen) Suspendierung verhängen können.*

III. Die teleologische Reduktion (Restriktion)

Die der Analogiesituation genau entgegengesetzte Situation liegt vor, wenn die einschlägige Regel ihrem Wortlaut nach *mehr umfasst* als ihrem Zweck entspricht; und zwar schon im „Begriffskern" (im „Begriffshof" hilft ja bereits eine einschränkende teleologische Interpretation). Das verschärfte Problem der Rechtsfortbildung stellt sich also, wenn bereits der **engst mögliche Wortsinn über den Gesetzeszweck hinausgeht**. Hier ist – als Gegenstück zur Analogie – Rechtsfortbildung durch **teleologische Reduktion** (Restriktion) geboten, die die gesetzlich angeordnete Rechtsfolge auf den vom Zweck getroffenen Bereich beschränkt.

Da der vorhandene, wenn auch teleologisch gesehen überschießende Gesetzeswortlaut stärkere Erwartungen weckt als – bei der Analogie – das Fehlen eines möglicherweise anwendbaren Textes, ist freilich in mehrfacher Hinsicht Vorsicht geboten. Zunächst ist der die Einschränkung bedingende Zweck mit besonderer Sorgfalt zu prüfen und zu begründen. Das kann durch den Nachweis erleichtert sein, dass für andere, systematisch zusammenhängende Rechtsregeln ohne die Reduktion der problematischen Regel kein sinnvoller Anwendungsbereich bliebe. Weiter ist darauf zu achten, dass nicht unter dem Deckmantel einer teleologischen Reduktion in Wahrheit „alle Umstände des Einzelfalles" berücksichtigende bloße Billigkeitsjurisprudenz betrieben wird, die die betreffende Regel alsbald überhaupt auflöst. Vielmehr muss nachzuweisen sein, dass eine **abstrakt umschreibbare Fallgruppe** aus der angeordneten Rechtsfolge herauszunehmen ist.

Im Falle der teleologischen Reduktion ist die für die Rechtsfortbildung erforderliche Gesetzeslücke als **„verdeckte" Lücke** zu verstehen, dh, dass eine nach dem Gesetzeszweck notwendige Ausnahme im expliziten Regelbestand fehlt.

Beispiele: 1. *Das Nachfristerfordernis beim Rücktritt wegen Verzugs nach § 918 ABGB (ganz ähnlich § 323 BGB) soll dem säumigen Vertragspartner die Chance geben, durch verspätete, aber doch alsbaldige Leistung den Vertrag aufrechtzuerhalten. Hat der säumige Vertragspartner nun aber bereits ernstlich erklärt, dass er überhaupt nicht daran denke, den Vertrag zu erfüllen* ***(Erfüllungsverweigerung)****, wäre die Nachfristsetzung bloß eine sinnlose, ihrem vernünftigen Zweck nicht dienende Formalität: Man weiß aus bester Quelle, nämlich vom Schuldner selbst, dass er die Nachholungschance nicht wahrnehmen wird. Hier ist also Rücktritt ohne Nachfristsetzung wirksam, obwohl das österreichische ABGB für diese Fallgruppe keine ausdrückliche Ausnahme vorsieht (anders nunmehr, etwas versteckt, § 7c Abs 2 Satz 3 KSchG, sowie schon länger § 323 Abs 2 Nr 1 BGB).*

2. *Für den Schenkungsvertrag ohne wirkliche Übergabe des Geschenks wird die Einhaltung einer besonderen Form verlangt; so nach § 1 Abs 1 lit d NotAktsG die Errichtung eines Notariatsakts. Ist nun ein Vertrag wirksam, in dem* ***bloß die Erklärung des Schenkers*** *in Form eines Notariatsakts vorliegt, während der Beschenkte die Annahme etwa durch schlichten Brief erklärt hat? Da der Zweck des Formgebots im Schutz des Schenkers vor Übereilung liegt, muss bloß dessen Erklärung der besonderen Form genügen. (Ganz in diesem Sinn unterstellt das Gesetz etwa nur die Erklärung des Bürgen der Schriftform.) Die Norm, deren Formulierung den gesamten Vertrag dem Formgebot unterwirft, ist also zu weit gefasst und daher teleologisch zu reduzieren, was im geschilderten Fall zur Wirksamkeit der Schenkung führt. Keine (weitere) Reduktion der die Schenkererklärung erfassenden Formvorschrift ist de lege lata hingegen für kleine Geschenke möglich; schon deshalb, weil sich der Rechtsordnung keine Grenze entnehmen lässt.*

3. *Bei der bereits mehrfach erwähnten Sicherungsübereignung wäre zu § 428 ABGB wie folgt zu argumentieren: Die Bestimmung hat bloß die* ***dauerhafte Übereignung*** *(etwa aufgrund eines Tausch-, Kauf- oder Schenkungsvertrags) im Auge, bei der geringere Publizität ausreicht, nicht hingegen pfandrechtsähnliche Vorgänge, bei denen sich ein konkreter Gläubiger Befriedigungsvorrechte verschaffen möchte. Daher ist § 428 Fall 1 ABGB (Besitzkonstitut, bei dem die Sache faktisch beim*

Übergeber bleibt) um die Fallgruppe „Eigentumsverschaffung zu Sicherungszwecken" zu reduzieren. Die dadurch für das Sicherungseigentum entstehende Lücke wird anschließend durch analoge Anwendung der teleologisch passenden Pfandrechtsbegründungsvorschrift des § 451 ABGB geschlossen. (Anders entscheidet bei praktisch gleicher Gesetzeslage und damit für österreichische Juristen durchaus überraschend die ganz hA zum deutschen Recht, die das Besitzkonstitut – und damit auch die Umgehung der zwingenden Pfandrechtsbegründungsvorschriften – bei der Sicherungsübereignung ausreichen lässt.)

IV. Die Anwendung allgemeiner Rechtsgrundsätze

1. Allgemeines

Die allgemeinen Rechtsgrundsätze spielen bereits bei der Auslegung im engeren Sinn und bei der Analogie eine wesentliche Rolle (vgl nur die Ausführungen auf S 94 f zum Gefahrenbeherrschungsprinzip bei der empfangsbedürftigen Willenserklärung). Auch ihre unmittelbare Verwendung bei der sog Rechtsgewinnung dürfte zumindest in den meisten entwickelten Rechtsordnungen bekannt sein. In vielen von ihnen wird sie zur Gesetzesergänzung sogar durch ausdrückliche Gesetzesbestimmungen angeordnet. (Rechtsvergleichend ziemlich singulär ist dagegen der – für seine Zeit [1811] gut gelungene – Versuch einer relativ umfassenden Teilkodifikation der methodischen Regeln insgesamt durch die §§ 6 ff ABGB.) In § 7 ABGB ist in letzter Linie die Heranziehung der **„natürlichen Rechtsgrundsätze"** vorgesehen. In den Vorarbeiten zum ABGB war teilweise von „allgemeinen Rechtsgrundsätzen" die Rede. Die abgewandelte Formulierung im ABGB selbst beruhte nicht auf einer sachlichen Veränderungsabsicht. Die Redeweise von **„allgemeinen"** Rechtsgrundsätzen ist insofern vorzuziehen, als sie neutraler ist und Assoziationen mit dem „Naturrecht" nicht aufkommen lässt, das manchen als grundsätzlich bedenklicher Ansatz erscheint. Der Hauptredaktor des ABGB, *Zeiller*, war zwar als Rechtstheoretiker Naturrechtler, als Gesetzgebungspraktiker aber sehr auf die Bedeutung des Gesetzes bedacht. Daher hat er auf die bloß subsidiäre und daher relativ seltene unmittelbare Heranziehung der allgemeinen Rechtsgrundsätze bei der Rechtsfindung großen Wert gelegt; wegen der Entscheidungs- und Wertungskompetenz des Gesetzgebers gerade aus heutiger Sicht ganz zu Recht. Andernfalls könnte das positive Gesetzesrecht seine friedensstiftende und die sicherere Erkennbarkeit der Rechtslage fördernde Funktion nicht zureichend erfüllen. Dazu kommt heutzutage die demokratische Legitimation der Gesetzgebungsinstanzen.

Ein Rückgriff auf die allgemeinen Rechtsgrundsätze ist zwar den gesetzesnäheren Rechtsfindungsinstrumenten, der Interpretation und der Analogie, **nachrangig**, also eine bloß subsidiäre Rechtsfindungsmethode, in heiklen Einzelfällen rationalerweise jedoch unumgänglich. Das gilt trotz ihrer relativen Vagheit. Die Kritiker, die auf diese hinweisen, haben ja regelmäßig nur das überhaupt kriterienlose Ermessen bzw die Eigenwertung des jeweiligen Beurteilers als Alternative anzubieten.

2. Ermittlung und Beschaffenheit von Prinzipien

Allgemeine Rechtsgrundsätze verfestigen sich in sog **Prinzipien**. In vielen Rechtsgebieten und Rechtsinstituten sind seit jeher solche Prinzipien, also **die gesamte betroffene Rechtsmaterie wesentlich beeinflussende Grundwertungen**, bekannt. Sie unterscheiden sich, bei fließenden Übergängen, von den Gesetzeszwecken oder Gesetzesgründen dadurch, dass diese Zwecke und Gründe bestimmten einzelnen Gesetzesvorschriften (zB einem bestimmten Paragrafen), nicht hingegen umfassenderen Rechtskomplexen (zB dem gesamten Vertragsrecht) zugrunde liegen.

Als ***Beispiele*** für leitende Grundsätze denke man etwa im Verfassungsrecht an Demokratie, Rechtsstaatlichkeit und Grundrechtsschutz, an das Schuldprinzip oder die Maxime „nulla poena sine lege" im Strafrecht, an die Grundsätze der Rechtskraft oder der freien Beweiswürdigung im Prozessrecht, an die (beschränkte) Eigentumsfreiheit, das Publizitätsprinzip und die absolute Wirkung der subjektiven Rechte im Sachenrecht, an die Leitgedanken der Privatautonomie und des Vertrauensschutzes im Schuldrecht, an die Testierfreiheit und die Familienerbfolge im Erbrecht usw. Schon die alte Prinzipienlehre hat in vielen Zusammenhängen die allgemeinen Rechtsgrundsätze in diesem Sinn, also als allgemeine systemtragende Grundwertungen, hervorgehoben und bei der Auslegung und Rechtsfortbildung nutzbar gemacht. **Prinzipien** in diesem Sinn sind keine in Tatbestand und Rechtsfolge gegliederte, auf schlichte Anwendung angelegte Rechtsnormen, sondern **generelle Wertungstendenzen** in Bezug auf umfassende Sachverhaltskomplexe und die darauf bezogenen konkreteren Rechtsbereiche.

Rechtstheoretisch hat die neuere Prinzipienlehre, zunächst in Gestalt der von der Rechtsdogmatik ausgehenden Theorie eines „beweglichen Systems“ von *Walter Wilburg*, eine **strukturelle Besonderheit der Prinzipien** hervorgehoben, die sich inhaltlich von dem anderen Normentyp, den auf unmittelbare Anwendung angelegten **„Regeln“**, unterscheidet: Prinzipien fordern – wie oben schon bemerkt – nicht vollständige Befolgung, sondern enthalten **Optimierungsgebote**. Das sind abstufbare Sollensanforderungen, denen nur nach Möglichkeit, insbesondere **unter Beachtung kollidierender anderer Prinzipien**, zu folgen ist. Die neuere Rechtstheorie hat das Verständnis von der „Mehr-oder-weniger-Struktur“ der Normen vom Prinzipientyp wesentlich vertieft. Hier gibt es eben selten ein „ganz oder gar nicht“. Vielmehr bedürfen Prinzipien im Kollisionsfall eines abwägenden Ausgleichs; idealerweise bereits durch den Gesetzgeber, aber auch später in der Rechtsanwendung.

Für die **Ermittlung allgemeiner Rechtsgrundsätze** sind zwei unterschiedliche Positionen zu beobachten: Kurz gesagt wollen die einen *aus dem positiven Recht* dessen Grundgedanken herausdestillieren, die anderen dagegen bei den rechtsunabhängig im zwischenmenschlichen Verkehr zu beobachtenden Anschauungen und Übungen, also *bei faktischen Gegebenheiten*, ansetzen. Schon zur bestmöglichen Kontrolle ist die Kombination beider Wege geboten. Beginnen sollte man für die Rechtsanwendung möglichst sachnahe mit einer Induktion aus dem positiven Recht auf dessen **wertungsmäßige Grundlagen**. Dabei richtet sich der Blick auf ganze Rechtsinstitute oder Systemmaterien, geht aber über deren normative Grundlagen hinaus. Deshalb führt die Prinzipienermittlung auch zum Unterschied vom Analogieschluss nicht zu einer bestimmten Rechtsfolge, nämlich jener der Ausgangsnorm, sondern hinsichtlich der Rechtsfolgen bloß zu einer **Orientierung an der im Prinzip ausgedrückten Werttendenz**.

Weit getriebene Induktion führt übrigens letztlich zu den **universalsten Rechtsprinzipien** (Rechtszwecken) der **„Rechtsidee“**, nämlich den Grundsätzen der **Gerechtigkeit, Rechtssicherheit und Zweckmäßigkeit**, deren interne Differenzierungen hier nicht weiter zu verfolgen sind. Diese Prinzipien sind – mehr oder weniger deutlich – in den Rechtsordnungen zumindest unseres Rechtskreises nachweisbar und bilden so die empirisch am besten bestätigten **Grundelemente des Rechts**. Sie sind auch diejenigen, die jeder seine eigenen langfristigen Interessen abwägende Mensch, der zugleich bereit ist, auf seine Mitmenschen als gleichberechtigte Interessenträger Rücksicht zu nehmen, akzeptieren müsste.

Die Ermittlung der allgemeinen Wertungsgrundlagen der geltenden Rechtsregeln gelingt freilich häufig nur, wenn man aus dem zunächst rechtsunabhängigen Verhalten der meisten Mitglieder einer Gesellschaft die darin zum Ausdruck kommenden Wertungen entnimmt, da es ja diese sein müssen, die in einer demokratischen Gesellschaft auch in die Gesetze eingehen. Die allgemeine Ablehnung von Vertrauensbrüchen („Verrat") und daraus resultierenden Erwartungsenttäuschungen ist zB ein deutlicher Hinweis auf das in der Rechtsordnung weithin geltende Vertrauensprinzip; der unzählige Male erkennbar betätigte Wunsch der Menschen, ihre eigenen Angelegenheiten nach ihrem eigenen Willen zu regeln, ein solcher auf Privatautonomie und Eigentumsfreiheit. Bloße Induktion aus den positiven Rechtssätzen bringt die Gefahr mit sich, sich zwischen den zahlreichen möglichen Abstraktionsstufen zu verirren oder gar die Grundgedanken missratener Gesetze als Rechtsprinzipien zu behandeln.

Es ist nämlich unbestreitbar, dass die zu bestimmten Zeiten und an bestimmten Orten herrschenden sozialen Auffassungen einschließlich ihrer Auswirkungen auf die Gesetzgebung höchst inhuman werden können. Man denke nur an die Diskriminierung bestimmter Gruppen von Mitmenschen, die von noch relativ milden Formen bis zum brutalen Massenmord reichen können und auch gereicht haben. In Extremfällen verlieren selbst formal „korrekt" erlassene Gesetzesbefehle solchen Inhalts materiell den Rechtscharakter. Aber noch weit vor solchen Entartungen wäre es rational unvertretbar, entsprechende Maximen als allgemeine Rechtsgrundsätze anzuwenden, wie das unter totalitaristischen Systemen häufig propagiert und praktiziert wird. Vielmehr gilt im Recht umgekehrt die methodische Maxime, deutlich sach- oder systemwidrige Gesetze zwar anzuwenden, aber so restriktiv wie möglich auszulegen und nicht durch Analogieschluss oder gar durch Anerkennung eines allgemeinen Rechtsgrundsatzes zu erweitern. Zu verhindern ist das hier abgelehnte Vorgehen vor allem durch die **Heranziehung der fundamentalen Rechtsprinzipien als Kontrollinstanz** bei der Ermittlung sonstiger allgemeiner Rechtsgrundsätze.

Die **Ermittlung** solcher Grundsätze ist also ein **differenzierter Vorgang**, bei dem mehreres zusammenwirken muss: die Induktion aus den positiven Rechtsregeln und Rechtsinstituten, die im Zusammenleben der betreffenden Gemeinschaft deutlich hervortretenden Wertungspräferenzen sowie die begleitende Kontrolle anhand der fundamentalen Rechtsgrundsätze. Ein relativ gut zu handhabendes Mittel der Begründung oder Kontrolle eines vermuteten allgemeinen Rechtsgrundsatzes bildet übrigens die **Rechtsvergleichung**: Was in vielen Rechtsordnungen in gleichartiger Weise anerkannt wird, kann regelmäßig auf einen allgemeinen Rechtsgrundsatz zurückgeführt werden.

Wie schon die zu Beginn dieses Abschnitts genannten Beispiele belegen, gibt es trotz aller Schwierigkeiten **zahlreiche unstreitig anerkannte Rechtsprinzipien in den verschiedenen Rechtsgebieten**. Die zuletzt angedeuteten Probleme sind also offenbar weitgehend überwindbar.

3. Die Prinzipienlücke

Der Charakter von Prinzipien als „Mehr-oder-weniger-Normen“, also als bloße **Optimierungsgebote**, schließt es aus, eine **Prinzipienlücke** bereits dann anzunehmen, wenn die Rechtsschicht der positiven Regeln einem einzelnen Prinzip nicht im weitest möglichen Umfang entspricht. Das ist bei allen **Prinzipienkollisionen** ja unvermeidlich. Solche Kollisionen machen auch eine optimierende Abwägung solange unmöglich, wie deren Anwendungsbereich, also der Bereich der zu schließenden Lücke, nicht bekannt ist. Die **Ermittlung der Prinzipienlücke** muss also **getrennt von ihrer Ausfüllung** erfolgen, und zwar in möglichst engem Anschluss an die vorhandenen und zu ergänzenden positiven Regelungen. Das **Ziel** ist ja ein **möglichst konsistentes Gesamtsystem**.

Zwei Möglichkeiten bestehen: Bei der **Ähnlichkeitsprüfung** wird untersucht, ob der gerade zu beurteilende Problemfall den in bestimmten Einzelregeln erfassten Fällen zumindest soweit ähnlich ist, dass jedenfalls eine rechtliche Beurteilung überhaupt nötig ist, also eine Einordnung in den „rechtsfreien Raum“ ausscheidet. Anders als bei der Analogie geht es noch nicht um die Erschließung einer bestimmten Rechtsfolge für den Problemfall, nämlich die in einer „Ausgangsnorm“ angeordnete: Die Rechtsfolgen der jetzt herangezogenen Ausgangsnormen können für den gerade zu beurteilenden Fall problemfremd und gänzlich unanwendbar sein. Vielmehr wird zunächst lediglich die rechtliche Beurteilungsbedürftigkeit als solche daraus erschlossen, dass insoweit die Zwecke oder Grundwertungen vorhandener positiver Normen „passen“ (Beispiele dazu folgen).

Bei der **Vollständigkeitsprüfung** wird ein im Rechtsleben typisches Lebensverhältnis, das durch eine umfassende rechtliche Regelung als Rechtsinstitut anerkannt ist, in Erwägung gezogen. Anschließend wird geprüft, ob diese Regelung das für die unmittelbar Beteiligten wünschenswerte Funktionieren dieses Instituts in der Rechtswirklichkeit ausreichend fördert. Wenn nein, liegt eine Lücke vor, die durch Heranziehung allgemeiner Rechtsgrundsätze zu schließen ist. Die beiden Möglichkeiten der Lückenprüfung sind kombinierbar und können einander deutlich bestärken (Beispiele auch dazu sogleich unter 4.).

Die für den Problemfall benötigte Rechtsfolge (oder bei differenzierendem Ergebnis: die mehreren Rechtsfolgen) muss den in Optimierungsabsicht ausgeglichenen Wertungstendenzen der beteiligten Rechtsprinzipien entsprechen und ist möglichst den in der Rechtsordnung in anderen Zusammenhängen bekannten Typen von Rechtsfolgen zu entnehmen, um unnötige Zusatzkomplikationen und Unsicherheiten zu vermeiden.

4. Beispiele

Die bisherigen abstrakten Überlegungen müssen und sollen nunmehr – ausnahmsweise in einem eigenen Abschnitt – durch unterschiedliches Anschauungsmaterial greifbar gemacht werden. Ein erstes ***Beispiel*** bietet in Österreich, charakteristisch für die das

Phänomen des Todes verdrängende Kultur der neueren Zeit, das **private Totenrecht**. Die Frage ist, wer über Art und Ort der Beisetzung eines Verstorbenen sowie uU sogar über die Umbettung des Leichnams zu entscheiden hat. Für den Streit zwischen privaten Beteiligten darüber fehlen unmittelbar oder analog anwendbare Regeln. Ein solcher Rechtsstreit ist selten, wird aber dann unter den Beteiligten oft erbittert geführt (zB zwischen Frau und Freundin des Verstorbenen, zwischen Kindern des verstorbenen Elternteils oder zwischen den geschiedenen Eltern des verstorbenen Kindes). Geltend gemacht werden Herausgabe-, insbesondere Exhumierungsansprüche auf den Leichnam bzw Einwendungen gegen solche Ansprüche.

In einer sehr alten Entscheidung hat der österreichische OGH einmal ganz im Sinne des „allgemeinen negativen Satzes" gesagt: Mangels einer gesetzlichen Regelung gibt es diesbezüglich keine Ansprüche oder Einreden. Das besonders Absurde an diesem Standpunkt ist, dass damit der Streit um den Leichnam der eigenmächtigen Austragung durch List oder auch Gewalt überlassen wurde, weil derjenige rechtlich unangreifbar sein musste, der sich faktisch des Leichnams auf welche Weise immer bemächtigt hat. Daher wird die Rechtsfrage inzwischen längst auch von der Judikatur nach den dafür auffindbaren Rechtsgrundsätzen beurteilt: Primär entscheidet der Wille des Verstorbenen selbst, der nicht unbedingt in Testamentsform erklärt zu sein braucht. Dieser wirkt sogar als hypothetischer Wille, wenn der Verstorbene keinen aktuellen Willen über seine Bestattung hat erkennen lassen, aber nach den vorliegenden Umständen ein bestimmter Wille seinerseits anzunehmen ist, den er bei Reflexion über diese Frage aller Wahrscheinlichkeit nach gehabt hätte. Sekundär entscheiden die nächsten Familienangehörigen, und zwar nicht etwa nach formalen Verwandtschaftsgraden, sondern entsprechend der realen Nahebeziehung zum Verstorbenen vor seinem Tod. Zu beachten ist schließlich der Grundsatz der Totenruhe, sodass nicht unbedingt notwendige Exhumierungen aus Pietätsgründen vermieden werden sollen.

Das alles bedeutet eine Kombination des Grundsatzes der **Privatautonomie** in seiner besonders starken persönlichkeitsrechtlichen Ausprägung mit der in zweiter Linie heranzuziehenden **Familienfürsorge**. Die problembezogene Präzisierung der genannten

Grundsätze folgt also der **„Natur der Sache"** im bereits erörterten Sinn. Da sogar viel weniger emotionalisierte Interessenkonflikte als der Streit um den Leichnam in einem entwickelten Rechtsstaat selbstverständlich in einem geordneten Verfahren ausgetragen werden können und müssen, und weil dem Rechtsinstitut Familie eine Regelung für den Todesfall eines Familienmitglieds fehlt, ergeben sowohl die Ähnlichkeits- wie die Vollständigkeitsprüfung das Vorliegen einer ausfüllungsbedürftigen **Prinzipienlücke**.

Ein weiteres, praktisch weit wichtigeres ***Beispiel*** ist das **„quasidingliche Recht des Mieters"** einer unbeweglichen Sache, mit dem sich dieser nach fester Rechtsprechung – die Wissenschaft ist zu dieser Frage uneins (dazu sogleich) – gegen einen unberechtigten Dritten wehren kann, der ihn stört oder gar verdrängt. (Der eigentliche, „reine" Besitzschutz des Mieters reicht dafür nach österreichischem Recht aus verschiedenen Gründen, insbesondere wegen einer sehr kurzen Frist für die Besitzklagen, nicht immer aus.) Vor allem der **allgemeine Grundsatz des Mieterschutzes** kann im heutigen Recht dieses dingliche Element in der Miete begründen. Er richtet sich allerdings in den gesetzlichen Ausprägungen nur gegen den Vermieter und seine Eigentumsnachfolger und beschränkt vor allem das Kündigungsrecht des Vermieters bei Wohnungs- und Geschäftsraummieten zu dem Zweck, dem Mieter den existentiell notwendigen Wohnungsgebrauch und – wesentlich problematischer – die räumliche Unternehmensgrundlage dauerhaft zu sichern. Umso mehr **(Ähnlichkeitsprüfung mit Größenschluss!)** muss dieser Sicherungszweck gegenüber unberechtigten Dritten wirken, wenn er sogar gegenüber dem Eigentümer und Vermieter durchschlägt. Die sachenrechtliche Norm des § 372 ABGB, auf deren Analogie man sich dabei gern beruft, passt nicht bloß ihrem Wortlaut nach nicht; auch ihr Zweck ist ein anderer. Dieser Zweck geht nämlich dahin, dem möglichen (aber wegen Zweifelhaftigkeit des Vormannes nicht beweisbaren) Eigentümer bzw dem – durch die Ersitzungsvoraussetzungen ausreichend qualifizierten – „werdenden Eigentümer" vorweg eigentumsähnliche dingliche Ansprüche zu geben (die nur gegenüber dem wirklichen Eigentümer versagen). Dazu ist vor allem eine für den Eigentumserwerb grundsätzlich taugliche Erwerbsgrundlage nötig, wovon beim Mietvertrag keine Rede sein kann. Ferner könnte § 372 ABGB auch in analoger Anwendung keine

Differenzierung zwischen Mietern einer unbeweglichen und einer beweglichen Sache rechtfertigen, wie sie die Judikatur vornimmt. Die tragfähige Begründung kann also nur im Grundsatz des Mieterschutzes liegen. Damit wird der Umfang des „quasidinglichen Rechts des Mieters gegen Dritte“ auf in ihrem Bestand gesetzlich besonders geschützte Mietverhältnisse beschränkt. Das ist in Österreich vor allem für die vielen Verträge der Fall, die dem MRG unterliegen.

Es soll allerdings nicht verschwiegen werden, dass die Diskussion zum vorliegenden Sachproblem extrem facettenreich ist und andere Ansätze durchaus diskutabel sind: Manche lehnen die „Verdinglichung“ des Mietrechts aus systematischen Gründen gänzlich ab; andere finden ihre Rechtfertigung nicht zuletzt darin, dass der Umweg über den Vermieter – der ja an sich vertraglich verpflichtet ist, die Interessen des Mieters auch gegenüber Drittbeeinträchtigungen zu wahren – unnötig kompliziert ist, zumal es dem störenden Dritten grundsätzlich gleichgültig sein kann, wer ihn in die Schranken weist. Als besonders heikel erweist sich allerdings die Konstellation, in der der Dritte mit Billigung des Vermieters handelt: Hier kann dem Mieter nur ein eigenes Recht helfen.

Und noch ein ***Beispiel:*** In Rechtsprechung und Lehre ist ganz überwiegend anerkannt, dass **Vergleichsverhandlungen** die Verjährung der in Verhandlung gezogenen Ansprüche so lange hemmen, bis ein Teil diese – an sich sehr wünschenswerten – außergerichtlichen Verhandlungen beendet. Dies, obwohl eine direkt oder analog anwendbare gesetzliche Vorschrift fehlt. Manche begründen diese Ansicht mit dem **Vertrauensprinzip**, andere berufen sich ausdrücklich und allgemein auf die **„Grundsätze der Gerechtigkeit“**. Auch darin liegt ein wichtiger praktischer Anwendungsfall der Heranziehung allgemeiner Rechtsgrundsätze. Anschließend wird die Rechtsfolge den – weder unmittelbar noch analog anwendbaren – Hemmungsregeln des ABGB entnommen. (Das modernisierte deutsche Verjährungsrecht ordnet für Vergleichsverhandlungen in § 203 BGB eine solche Hemmung ausdrücklich und generell an.)

Ein letztes, geradezu klassisches ***Beispiel***, und zwar für die Anwendung des **Rechtsscheinprinzips**, einer Ausprägung des **Vertrauensprinzips**, liefert folgende Konstellation: A ist als Entleiher,

Mieter oder Verwahrer Inhaber einer Sache der B; C beschädigt sie schuldhaft und zahlt den Schadenersatzbetrag sofort an A aus, den er für den geschädigten Eigentümer hält. A klärt ihn nicht auf. Sodann belangt B, die wahre Geschädigte und damit die wahre Schadenersatzgläubigerin, C auf Schadenersatz. A war im Sinne der Rechtsscheinvorschrift des § 367 ABGB Vertrauensmann der Eigentümerin B, sodass der gute Glaube von C an das Eigentum des A geschützt sein müsste. In § 367 ABGB geht es jedoch um den Eigentumserwerb eines Gutgläubigen und nicht, wie hier, um eine etwaige ausnahmsweise Befreiungswirkung der Zahlung an einen nur vermeintlichen Gläubiger. Im Recht der Forderungsabtretung gibt es in § 1395 ABGB eine entsprechende Befreiungsvorschrift, die aber ganz andere Rechtsscheinvoraussetzungen hat. Das gemeinsame Rechtsscheinprinzip verlangt, weil der bestehende Rechtsschein des Eigentums von A der B nach der gesetzlichen Wertung in § 367 ABGB zurechenbar ist, Schutz des gutgläubig Zahlenden und damit befreiende Wirkung seiner Zahlung. In Anlehnung an § 1395 ABGB, der von Tatbestand und Zweck her allerdings nicht präzise passt, ist die dort vorgesehene Rechtsfolge (Befreiung des Schuldners) zu bejahen, weil (nur) sie dem Rechtsscheinprinzip beim gestellten Sachproblem voll Rechnung trägt. (Im nächsten Schritt kann C das von A kassierte Geld natürlich herausverlangen, trägt aber insoweit auch das Risiko von As Insolvenz.)

D. Der Rang der Rechtsfindungsmethoden

I. Die abstrakte Rangfrage

1. Das übliche pragmatische Vorgehen

In der Praxis des rechtlichen Argumentierens werden die juristischen Methoden bzw Kriterien im Allgemeinen in der Reihenfolge herangezogen, die auch in der vorliegenden Darstellung gewählt wurde. Man schreitet zu einer späteren Methode nur dann fort, wenn und soweit das gestellte Problem auf der früheren Stufe oder den früheren Stufen noch nicht gelöst werden konnte. Diese Übung hat den guten Grund, dass sich niemand unnötige Arbeit und sich und anderen unnötige Schwierigkeiten machen will. Jedermann wird daher zunächst jene vermutlich anwendbare Rechtsregel heranziehen, deren **Text** offiziell publiziert und daher am leichtesten zugänglich ist, und den Text mit jener Spracherfahrung aufnehmen, die ihm wie jedem anderen Sprachkundigen zur Verfügung steht. Nur im Bedarfsfall wird der juristische Beurteiler nach **systematisch** aufschlussreichen anderen Rechtsvorschriften forschen und uU zu **historischen** Erkenntnisquellen über die Absicht des Gesetzgebers übergehen. Das alles kostet in der praktischen Alltagsarbeit ja Zeit, die oft nicht zur Verfügung steht. Die objektive Ermittlung des maßgebenden **Gesetzeszwecks** stellt weitere analytische und sachliche Anforderungen und muss weitgehend mit Wahrscheinlichkeitsüberlegungen arbeiten. Bei der **ergänzenden Rechtsfortbildung** ist es, wie bereits erwähnt, zusätzlich nötig, zu begründen, warum eine Gesetzeslücke vorliegt. und das Füllen dieser Lücke erfolgt bei der Analogie gesetzes(text)näher als bei der Anwendung allgemeiner Rechtsgrundsätze, was die letztgenannte Methode relativ betrachtet noch etwas unsicherer macht.

Bei alldem werden **in der Praxis** aller Voraussicht nach **unergiebige methodische Stufen übersprungen**. Ebenso bleiben die nach bereits erfolgter Problemlösung noch ausständigen entfernteren außer Betracht. Dies alles erfolgt in der Regel ohne schulmäßige Erörterung, sondern stillschweigend und mit Selbstverständlichkeit. Auch führen häufig erst die addierten Argumente aus mehreren Methodenstufen zu einer zureichend begründeten Lösung. Manchmal wird aus Gründen besonderer Vorsicht zur **Kontrolle** und Bestärkung **des Ergebnisses** trotz auf einer (früheren) Stufe bereits erfolgter Problemlösung auf eine spätere Methode weitergegriffen; etwa im Sinne einer Eventual- oder auch Alternativbegründung. An einem solchen Vorgehen ist nichts zu kritisieren. Dasselbe gilt für die Tatsache, dass die methodischen Argumente häufig bloß mittelbar über die Aussagen von Literatur und Rechtsprechung herangezogen werden, in die sie bereits vorher eingegangen sind.

Zwei Ergänzungen zu diesem üblichen pragmatischen Vorgehen sind jedoch zu machen: Zum Ersten ist noch einmal auf die Notwendigkeit einer **„Gegenprobe"** als Kontrolle des zunächst erzielten Ergebnisses hinzuweisen, die mit Hilfe der fundamentalen Grundsätze der „Rechtsidee" auf etwaige Wertungswidersprüchlichkeit, Sach- oder Funktionswidrigkeit oder auf Verstoß gegen breiten negativen Konsens der Sozietät erfolgen muss. Dabei sind schon vorliegende Ergebnisse aus entfernteren (bei der bisherigen Gewinnung des Ergebnisses nicht verwendeten) Methodenstufen mit zu verwerten. Ohne eine solche Gegenprobe besteht die Gefahr, dass die Annahme, das bisher erzielte Ergebnis sei schlüssig, auf einem unerkannten groben Fehler beruht. Ein solcher kann sich etwa aus fehlender Einsicht in sprachliche Mehrdeutigkeiten („eigenhändig") oder aus falschen Vorstellungen über den historischen Rechtszustand ergeben.

Zum Zweiten ist mit Nachdruck hervorzuheben, dass es nicht nur um den schrittweisen Abbau sprachlicher Vagheiten, Unklarheiten und Mehrdeutigkeiten geht, die der eventuell anzuwendenden Rechtsregel anhaften. Das wird schon durch die ergänzende Rechtsfortbildung klar unter Beweis gestellt, die den Text des Gesetzes und damit alle sprachlichen Vagheitsbereiche („möglicher Wortsinn") eindeutig hinter sich lässt. In Frage stehen vielmehr auch und gerade die **universalen Rechtswerte**, die in der „Rechtsidee" zusammengefasst sind. Auch wenn man eine sprachlich gut begründbare Ableitung erzielt hat, darf man auf dieser methodischen Stufe nicht stehen bleiben, falls das so erzielte – vorläufige – Auslegungsergebnis klare Wertungswidersprüche, eindeutige Unzweckmäßigkeit (Sach- oder Funktionswidrigkeit) oder die frappierende Verletzung eines umfassenden negativen Konsenses (im Sinne von „Das darf doch nicht herauskommen!") mit sich bringt. Andernfalls gäbe es ja von vornherein keine Rechtsfindung durch Analogieschluss. Vielmehr ist – in den sogleich (S 113 ff) zu besprechenden Grenzen der Lex lata – mit der juristischen Analyse fortzufahren, bis auch dieser normative Mangel behoben ist. Eine Problemlösung ist also erst dann zureichend begründet, wenn sowohl den *sprachlichen* als auch den *normativen* Schwierigkeiten abgeholfen wurde. Auch unter diesem Gesichtspunkt ist ohne die erwähnte Gegenprobe nicht auszukommen: Wenn die grobe Prüfung Zweifel erweckt, zwingt dies zur vertieften Argumentation auch mit Hilfe der bisher noch nicht herangezogenen Methodenstufen.

Ist aber auf einer bestimmten methodischen Stufe das gestellte Problem in einer Weise gelöst worden, die den sprachlichen Anforderungen (oder jenen an die Begründung einer Lücke) und zugleich den fundamentalen normativen Systemanforderungen genügt, so bedarf es der weiteren methodischen Stufen nicht mehr.

Beispiel: *Wurde erkannt, dass* ***§ 431 ABGB*** *sprachlich und in seinem Zusammenhang mit den einschlägigen Vorschriften des Grundbuchsgesetzes eindeutig das Eintragungsprinzip für den Erwerb dinglicher Rechte ausdrückt und dass dies (Gegenprobe!) ein sachlich und systematisch gut vertretbares Ergebnis ist, so sind Nachforschungen darüber, ob der historische Gesetzgeber nicht vielleicht doch bloß das Publizitätsprinzip gemeint hat, müßig, weil irrelevant.*

2. Die theoretische Rechtfertigung der Rangfrage

Die dargestellte Reihenfolge der einzelnen Methoden lässt sich auch rechtstheoretisch abstützen, sodass sie – mit gewissen Grenzen – zugleich als **Rangordnung** anzuerkennen ist.

Ausgangspunkte der Rechtsfindung sind bei der Interpretation (Auslegung) textlich vorfindliche Regeln. Bei der Rechtsfortbildung müssen solche erst gewonnen werden. Das dafür nötige Auslegungsmaterial wird durch die jedermann verfügbare Spracherfahrung, der übliche Zusammenhang komplexer Äußerungen insbesondere normativer Art, gesondert zu ermittelndes historisches Material und die allgemeine Erfahrung über erwartbare Rechtszwecke sowie Mittel-Zweck-Zusammenhänge samt den notwendigen faktischen Informationen gebildet. Das Rechtsgewinnungsmaterial wird mit zunehmender Entfernung vom textlich leicht feststellbaren Gesetz schwerer zu beschaffen und unsicherer. **Abstrakt** und **generell** betrachtet verspricht daher die jeweils frühere methodische Stufe mehr an Vorhersehbarkeit, Gleichmäßigkeit und Begründungsökonomie bei den Einzelentscheidungen.

Daraus rechtfertigt sich – wieder in abstracto – das dargestellte Vorrangverhältnis. Unmittelbar ausschlaggebend ist es aber nur in dem besonderen Fall, in dem verschiedene Methoden etwa gleich starke gegensätzliche Argumente liefern. In diesem Sinn wird zB mit Recht auch von der ständigen österreichischen Judikatur insbesondere der Vorrang eines sprachlich (auch im systematischen Zusammenhang) klaren Gesetzestextes vor einer aus den Materialien hervorgehenden abweichenden Absicht des Gesetzgebers vertreten.

Soweit aber **in concreto** die **Stärke der Argumente unterschiedlich** ist, kann der abstrakte Vorrang keine entscheidende Rolle spielen. Eine solche Konstellation liegt beispielsweise dann vor, wenn ein möglicher oder auch leicht überwiegender Sprachgebrauch einer gegenteiligen klaren Absicht des Gesetzgebers gegenübersteht oder schwache sprachliche oder historische Hinweise einem eindeutigen objektiv-teleologischen Befund widersprechen. In solchen Fällen ergibt sich die am besten begründbare Lösung vielmehr erst aus der **umfassenden Abwägung** der in concreto auffindbaren Argumente.

3. Abweichende Modelle

Die abstrakte Rangfrage ist also weit von der Bedeutung entfernt, die ihr manche Kritiker der juristischen Methodenlehre beilegen wollen. Vereinfacht lautet deren Position: Mangels eines ein für alle Male festen Rangverhältnisses der Methoden sei die juristische Methodenlehre wertlos.

Diese Position ist jedoch in nahezu jeder Hinsicht unzutreffend. Einerseits besteht, wie gezeigt, ein **festes Rangverhältnis in abstracto** durchaus und hat es eine gewisse, wenn auch bescheidene anwendungspraktische Bedeutung. Andererseits ist es aber fast selbstverständlich, dass ein generell gültiges Rangverhältnis nicht möglich ist, weil die einzelnen methodischen Stufen offensichtlich **Argumente von ganz unterschiedlicher Stärke** liefern können:

So kann etwa die sprachliche Auslegung einen allein denkbaren, einen überwiegenden, einen möglichen und einen entfernt möglichen Sprachgebrauch zeigen.

Die gängige Antwort der Jurisprudenz auf die hier angesprochene Globalkritik geht dahin, dass die einzelnen **Auslegungselemente** jeweils **nur Teile eines einheitlichen Auslegungsvorganges** seien und daher stets nebeneinander eingesetzt werden müssten. Diese Positionierung reicht zwar zur Abwehr der realitätsfremden Kritik aus, entspricht aber ihrerseits nicht der Realität. Nur bei besonders schwierigen Problemen ist eine umfassende Heranziehung aller methodischen Stufen mit sorgfältiger vergleichender Analyse der unterschiedlichen Ansätze und ihrer Einzelergebnisse nötig. Eine solche umfassende Heranziehung allen erdenklichen Auslegungsmaterials für jeden banalen Auslegungsvorgang zu postulieren, wäre aber sowohl theoretisch verfehlt als auch (vor allem) praktisch aussichtslos. Kein vernünftiger juristischer Beurteiler wird etwa systematische Recherchen, historische Nachforschungen oder Mittel-Zweck-Analysen betreiben, wenn er sein Problem bereits auf sprachlicher Stufe mit Hilfe eines allgemeinen (zumindest deutlich überwiegenden) Sprachgebrauches gelöst hat, die globale „Gegenprobe“ keine Bedenken ergibt und das Ergebnis überdies der von vielen vertretenen, kaum oder gar nicht bestrittenen Ansicht entspricht. Eine solche Gegenprobe braucht selbstverständlich nicht explizit etwa in die Begründung einer Entscheidung oder Begutachtung aufgenommen zu werden; besonders dann nicht, wenn ihr Ergebnis ohnehin negativ ausfällt. Zur internen Selbstkontrolle bleibt sie dennoch unentbehrlich.

II. Notwendige Modifikationen

1. Die Lex-lata-Grenze im Speziellen

Ein sehr wichtiges Element der Rangtheorie der juristischen Methoden bleibt noch zu erörtern. Es ist begründet in der **Rechtsfriedens- und Rechtssicherheitsfunktion der Gesetzgebung** durch dazu (demokratisch) legitimierte Instanzen. Auch minder gelungene, problematische Produkte der Gesetzgebung haben Anspruch auf Respektierung, weil die genannten Funktionen andernfalls nahezu grenzenlos dem Streit der Meinungen ausgesetzt werden könnten. Dieser Respektierungsanspruch endet aber – was unter demokratischen, rechtsstaatlichen Verhältnissen nur ganz ausnahmsweise in Frage kommt – bei Gesetzen mit grob inhumanem, krass ungerechtem oder sonst der Rechtsidee deutlich widersprechendem Inhalt, der ihnen trotz formal korrekter Entstehung materiell den Rechtscharakter nimmt **(„Radbruchsche Formel“)**.

> ***Beispiele:*** *In diesem Sinn konnten etwa die Nürnberger Judengesetze in der Zeit des Nationalsozialismus oder gesetzesförmige Etablierungen reiner geheimpolizeilicher Willkürbefugnisse im Kommunismus keinen materiellen Rechtscharakter für sich beanspruchen. Auf dieselbe Weise ist die Aufwertungsrechtsprechung des deutschen Reichsgerichts in den 20er-Jahren des 20. Jahrhunderts zu rechtfertigen, die im klaren Gegensatz zur positivrechtlichen Regelung des Nominalismus (Mark = Mark) durch das Währungsgesetz stand. Unter den Extrembedingungen einer unerwarteten Hyperinflation war hier eine krasse Gerechtigkeitswidrigkeit der Gesetzeslage mit unkontrollierbaren sozialen und wirtschaftlichen Folgen erst durch eine massive Veränderung der „Tatsachen des Normbereichs“ entstanden (dazu S 118 noch ausführlicher).*

Eine solche Rechtsfindung **„contra legem sed secundum ius“** (nämlich entsprechend der Prinzipienschicht des Rechts) darf aber nur in derart krassen Ausnahmefällen in Betracht gezogen werden. Ein breiteres, differenziertes Verständnis von vermeintlich vielfach zulässiger „Rechtsfindung contra legem“ verliert seine spezifische Funktion und wirkt daher verwirrend.

Von krassen Extremfällen abgesehen darf der Vorrang der Gesetzgebung jedenfalls nicht durch eine Rechtsfindung überspielt werden, die anstelle des Gesetzes primär die weitest mögliche Annäherung an die fundamentalen Werte der „Rechtsidee“ setzt. Dass jede Rechtsnorm den zentralen Rechtsprinzipien bestmöglich entspricht, ist „bloß“ die Maxime juristischer Arbeit de lege ferenda, also im Rahmen der Gesetzgebung und all ihrer Vorbereitung, etwa auch durch Vorschläge aus der Rechtswissenschaft. Schon de lege lata praktiziert, würde sie den vernünftigen Sinn der **Funktions- und Gewaltenteilung zwischen Gesetzgebung und Rechtsanwendung** weithin beseitigen. Solche ungehemmte „Rechtsfortbildung“, auch wenn sie an sich gute bzw gut gemeinte Ziele verfolgt, wäre das größere Übel; die Respektierung auch mangelhafter positiver Gesetze ist das kleinere. Sie ist der Preis, der für die bessere Möglichkeit friedlicher Streitbeilegung in einer Gesellschaft zumindest bis zur nächsten Gesetzesänderung gezahlt werden muss.

Mit den dargestellten differenzierten Rechtsfindungsmethoden ist eine solche Beschränkung zu vereinbaren, wenn man sich vergegenwärtigt, dass das **Gesetz** nicht etwa nur aus publizierten Worten und Sätzen besteht **(Form)**, sondern auch aus einem normativen menschlichen Willen **(Inhalt)**. Stimmen beide Elemente der mutmaßlich anwendbaren Gesetzesnorm überein, ist mit dieser Feststellung der Rechtsgewinnungsvorgang beendet und die (primäre) **Lex-lata-Grenze der Rechtsfindung** erreicht. Dies gilt auch dann, wenn objektiv-teleologische oder der Prinzipienschicht des Rechts entstammende Argumente deutlich für die Vorzugswürdigkeit einer anderen Lösung sprechen. Angesichts der vielfach gegensätzlichen Interessen der Menschen wäre ein Abgehen von dieser Position geradezu eine Einladung, alles und jedes, dh insbesondere auch durchaus wohlbegründete oder doch vertretbare Gesetzesnormen, bis zur völligen Auflösung zu zerreden (und vor allem zu „zerschreiben"). Rechtliche Argumente aus den tieferen Rechtsschichten werden damit rechtlich nicht als schlechthin irrelevant, sondern „nur" als für das konkrete Problem de lege lata unanwendbar erkannt. Sie können und sollen durchaus als rechtliche, nicht bloß als politische Argumente mit dem Vorschlag einer Gesetzesänderung an den Gesetzgeber adressiert werden. Ob man damit Erfolg hat, ist eine andere Sache und hängt von vielen, auch irrationalen Faktoren ab.

Beispiele: *1. Im Zuge der Umsetzung der europäischen Zahlungsverzugs-RL wurde vorgeschlagen, auch den dispositiven ABGB-Zinssatz flexibel zu gestalten, nämlich wie (nunmehr) in § 456 UGB am aktuellen Basiszinssatz anzuknüpfen. Das wurde in der ministeriellen Arbeitsgruppe mit dem Argument abgelehnt, die Richterschaft sei dagegen, weil die Berechnung dann zu kompliziert werde. (In Handelssachen wird den Gerichten hingegen durchaus zugemutet und zugetraut, Verzugszinsen unter Zugrundelegung des Faktors „9,2% + Basiszinssatz" zu errechnen.) Dass die in § 1000 Abs 1 ABGB somit nach wie vor normierten 4% Jahreszinsen in Niedrig- wie in Hochzinsphasen zu unsachlichen, also zu ungerechten Ergebnissen führen, ist evident, jedoch de lege lata unbeachtlich.*

2. *Die WKRL gibt für den Regelfall die Vermutung vor, dass ein Mangel schon bei Übergabe der Ware an den Verbraucher vorhanden war, wenn er sich innerhalb eines Jahres nach der Übergabe zeigt. Der österreichische Gesetzgeber hat diese Vermutung im VGG (§ 11 Abs 1) umgesetzt, die Anordnung in § 924 Satz 2 ABGB, wonach diese Frist sechs Monate beträgt, aber belassen. Das hat zu einer kuriosen, wertungswidersprüchlichen Rechtslage geführt: Bei genau dem gleichen Mangel einer genau gleichen Sache kommt dem Verbraucher, der von einem Unternehmer gekauft hat, im Vergleich zum Privaten, der von einem Privaten gekauft hat, eine doppelt so lange wirkende Vermutung zugute; und das, obwohl unbestritten ist, dass die Vermutung nur durch die zeitliche Nähe des Hervorkommens des Mangels zur Übergabe zu begründen ist. Da aber der Gesetzgeber die Richtlinienvorgaben nachweislich nur für Verbrauchergeschäfte umsetzen wollte, ist die Lex-lata-Grenze erreicht und für eine wertungskonsistente wortlautübersteigende Rechtsfindung kein Raum. (Im deutschen Recht gibt es die Vermutung übrigens von vornherein nur für den Verbrauchsgüterkauf [§ 477 Abs 1 BGB]).*

3. *Vergleichbares gilt für das Hervorkommen von Mängeln an langlebigen Gütern erst nach längerer Zeit: Obwohl die WKRL den Mitgliedstaaten das Recht zur gesetzlichen Verlängerung der (Mindest-)Frist von zwei Jahren eingeräumt hat und obwohl auch dem österreichischen Gesetzgeber bewusst war, dass es viele Waren gibt, die deutlich länger halten sollen, hat er sich im Gewährleistungsrecht für die zwei Jahre als generelle Grenze entschieden. Es ist nun zwar ohne Zweifel grob unsachlich, etwa dem Käufer von Dachziegeln, die üblicherweise mindestens 40 Jahre halten, keinerlei Gewährleistungsrechte zuzustehen, wenn die Ziegel schon nach drei Jahren zu zerbröseln beginnen. Da das der Gesetzgeber aber eindeutig so (undifferenziert) angeordnet hat und, wie die Erläuterungen zum GRUG zeigen, auch genauso wollte, ist die Norm wortlautgetreu anzuwenden. (Übrig bleibt die Möglichkeit, die Verfassungskonformität einer solchen Rechtslage überprüfen zu lassen.)*

Wie bereits ausgeführt, wird die Lex-lata-Grenze durch **Übereinstimmung** der beiden Bestandteile des positiven Gesetzes, nämlich **des (klaren) Gesetzeswortlautes mit der deutlich erweislichen Absicht des historischen Gesetzgebers** gezogen. § 6 ABGB bestätigt dies in zutreffender Würdigung dieser beiden Elemente des Gesetzes ausdrücklich. Absichten, die auf **nachweislichen Tatsachenirrtümern** des Gesetzgebers beruhen, dürften allerdings unbeachtlich sein, weil dadurch die Wertungsprärogative des Gesetzgebers nicht verletzt wird.

Bei der **Rechtsfortbildung** bezeichnet das deutliche Fehlen eines anwendbaren Gesetzestextes („jenseits des möglichen Wortsinns") in Verbindung mit der erweislichen historischen Absicht des Gesetzgebers, bestimmte – vielleicht erst später als problematisch erkannte – Sachverhalt mögen keine Rechtsfolgen nach sich ziehen oder doch die gerade interessierenden Rechtsfolgen nicht haben, die (primäre) Lex-lata-Grenze.

Beispiel: *In Deutschland lehnte der Gesetzgeber des BGB seinerzeit eine generelle Beachtung nach Abschluss eines Vertrages (deutlich) geänderter Verhältnisse ab. Ohne Gesetzesänderung war es daher grundsätzlich nicht zulässig, die bewusst übernommene Pflicht zur vertragsgemäßen Erfüllung solcher Verträge zu relativieren (zu Ausnahmen bei „Funktionswandel" sogleich). Das geltende deutsche Schuldrecht erkennt allerdings mittlerweile die Relevanz massiv geänderter Verhältnisse unter dem Stichwort „Störung der Geschäftsgrundlage" seit dem Jahre 2002 in § 313 BGB ausdrücklich an und sieht als Regelrechtsfolge die Anpassung des Vertrags an die geänderten Umstände vor.*

2. Die Hinausschiebung der Lex-lata-Grenze durch „Funktionswandel"

Zahlreiche **faktische Veränderungen im Realbereich des Rechts** werfen keine rechtlichen Probleme auf. So werden unzählige technische Geräte, die erst nach der Erlassung der Zivilgesetzbücher erfunden wurden, ohne weiteres nach den Normen über den Kaufvertrag und die Eigentumsübertragung behandelt, da diese nach Wortlaut und Zweck abstrakt genug sind, um auch diese Neuerungen zu erfassen. Im Wirtschaftsverkehr neu entstandene Vertragstypen werden, wie sonstige gesetzlich nicht näher geregelte Vertragsarten, nach allgemeinem Rechtsgeschäfts- und Schuldrecht, uU mit Einzelanalogie zu passenden Regeln gesetzlich ausgeformter Vertragstypen, beurteilt.

Ändern sich generelle Tatsachen des Normbereichs oder die Erfahrungssätze darüber, wie im bereits gebrachten Asbest-Beispiel (S 50), kann bei völlig unveränderter Lage der Ausgangsnormen durch den Wandel in den faktischen Prämissen der Rechtsfindung ein abweichendes Ergebnis folgen. Änderungen normativ nicht relevanter Tatsachen ändern die Rechtslage hingegen nicht. Gesetzesregeln, Gesetzesgründe und Rechtsprinzipien als solche können durch faktische Änderungen überhaupt nicht modifiziert werden, wohl aber, wie gezeigt, die Ableitungen aus ihnen.

Methodisch problematischer sind Änderungen des Normensystems jenseits schlichter Gesetzesänderungen, also bei formal unveränderten Rechtsvorschriften, die man als **„Funktionswandel“** bezeichnen kann und die vielfach in Verbindung mit faktischen Veränderungen stehen. Besonders bei negativen, nur durch das Fehlen einer möglichen Regelung ausgedrückten Absichten des Gesetzgebers kann sich ergeben, dass sich die generellen Tatsachen des Normbereichs deutlich geändert haben; und zwar in einem Ausmaß, das es zweifelhaft macht, ob der gegenwärtige Gesetzgeber, würde er heute umfassend normieren, ebenso negativ entscheiden würde.

Beispiel: *Die plötzliche Hyperinflation nach dem ersten Weltkrieg führte zu Veränderungen in den Anwendungsergebnissen grundlegender Rechtsprinzipien, zu einer für das Verständnis einschlägiger Generalklauseln (zu ihnen sogleich unter 3.) bedeutsamen Veränderung des Rechtsbewusstseins angesichts einer unübersehbaren Massenproblematik und zu eher willkürlich oder zufällig abgegrenzten Teilreaktionen des neueren Gesetzgebers. Krass war insbesondere die durch die Entwicklung entstandene massive Verletzung des Äquivalenzprinzips zwischen Gläubigern und Schuldnern sowie die damit einhergehende willkürliche Diskriminierung der Geldgläubiger gegenüber den Sacheigentümern. Die grundsätzliche negative Entscheidung des ursprünglichen BGB-Gesetzgebers (aus dem Jahre 1896) gegen die Beachtung veränderter Umstände, die im Gesetz freilich nicht ausdrücklich ausgesprochen war, wurde daher durch Herausarbeitung und Anerkennung der Regeln über den Wegfall der Geschäftsgrundlage überwunden. In Deutschland geschah dies im Rahmen der sog Aufwertungsrechtsprechung (dazu bereits S 114) zunächst durch eine entsprechende Neukonkretisierung der Generalklausel von Treu und Glauben (§ 242 BGB). Ihre Zulässigkeit beruhte darauf, dass man aus den angedeuteten Gründen die Hintergrundentscheidung des Gesetzgebers gegen die Beachtung geänderter Umstände als überholt betrachten musste.*

Ein (einfaches) ***Beispiel für Funktionswandel*** *auf der normativen Ebene bildeten Scheidungsregeln aus der Zeit des Nationalsozialismus, die ihrem Text nach bei der Zerrüttungsscheidung das Widerspruchsrecht des schuldlosen beklagten Ehegatten völlig neutral – aber vage – durch das „Wesen der Ehe" beschränkten, die aber spezifischen Zwecken, nämlich der Förderung „rassisch einwandfreien" Nachwuchses, dienen sollten. Nach Ende des dritten Reichs mussten diese historischen Zwecke selbstverständlich durch im Rahmen der dann geltenden Rechtsordnung unbedenkliche ersetzt werden, denen die Regel ihrer Formulierung nach ebenso gut genügen konnte.*

Es geht beim Funktionswandel also regelmäßig darum, dass in neueren Gesetzesschichten gesetzgeberische Zwecke und Wertungen für bestimmte Sachbereiche in den Vordergrund treten, die mit jenen älterer Vorschriften für andere, aber systematisch zusammenhängende Sachbereiche kollidieren. Dadurch würden Wertungswidersprüche zwischen den verschiedenen Rechtskomplexen begründet, wenn ihnen nicht abgeholfen wird. Ist dieser Widerspruch so gravierend, dass er die Unsicherheiten mit dem Auslegungswandel der älteren Norm überwiegt, so ist **anstelle des historischen Zwecks ein geltungszeitlich-objektiver** zu setzen, der den Wertungswiderspruch behebt und damit zugleich die Lex-lata-Grenze hinausschiebt.

Beispiele: *Die Vorschriften der EMRK über den immateriellen Schadenersatz bei Freiheitsberaubung haben eine entscheidende „Fernwirkung" auf die Auslegung des § 1329 ABGB über die Freiheitsentziehung unter Privaten gehabt. Ferner konnten die zunächst jeweils für bestimmte Arbeitnehmergruppen aufgestellten arbeitsrechtlichen Schutzvorschriften ohne groben Wertungswiderspruch jenen Arbeitnehmern, die mangels einschlägiger Sondergesetze bloß dem ABGB unterlagen, nicht vorenthalten werden. Daher wurde der die Fürsorgepflicht ihres Arbeitgebers betreffende § 1157 ABGB über seinen Wortlaut hinaus und entgegen seinen ursprünglichen beschränkten Zwecken weiter ausgelegt bzw durch Analogie ausgedehnt.*

3. Konkretisierung von Generalklauseln

Gerade im Zusammenhang mit der Rangfrage stellt die **Konkretisierung von Generalklauseln** wie „gute Sitten", „Treu und Glauben", „wichtiger Grund", „öffentliches Interesse", „gröblich benachteiligend", „volkswirtschaftlich gerechtfertigt", „angemessen" usw ein besonderes Problem dar. Es handelt sich dabei um bewusst besonders vage gehaltene **gesetzliche Vorschriften**, also um solche **mit sehr geringem unmittelbarem Informationsgehalt**. Ihre Hauptfunktionen sind die Erhaltung einer gewissen **Anpassungsfähigkeit** des Rechts an konkrete Sachverhalte bzw an geänderte Umstände und vor allem eine gewisse Öffnung für unmittelbar in der Gesellschaft herrschende Wertvorstellungen. Im sehr weiten Rahmen ihres sprachlichen Gehaltes und ihrer systematischen Stellung im Gesetz stellen solche offene Normen der Rechtsanwendung besonders weitgehende Aufgaben hinsichtlich ihrer einzelproblembezogenen Konkretisierung. Einigermaßen rational zu bewältigen sind sie nur, wenn man die Generalklauseln primär als Verweisung auf sehr unterschiedliches Konkretisierungsmaterial versteht. Deshalb sind die gegensätzlichen strikten Auffassungen abzulehnen, die bestimmte Generalklauseln bloß als Verweisung auf das rechtsexterne „Anstandsgefühl aller (?) billig und gerecht Denkenden" verstehen oder umgekehrt nur rechtsimmanente Erkenntnisquellen heranziehen wollen. Vielmehr müssen die Generalklauseln als **Verweisung auf Verschiedenes** verstanden werden: auf die allgemeinen Rechtsgrundsätze einschließlich der fundamentalen (zB Äquivalenzprinzip beim Problem der Geschäftsgrundlage; Freiheitsschutz in Bezug auf zentrale Persönlichkeitsbereiche); auf alle systematisch aufschlussreichen, weil problemnahen Regeln (samt ihren Zwecken) des geltenden Rechts einschließlich jener der Verfassung; und auf die im zwischenmenschlichen Verkehr unmittelbar (ohne Beteiligung von Staatsorganen) geübten Verkehrsregeln bzw die entstandenen oder mittlerweile veränderten Verkehrsauffassungen.

Dabei ist es die Aufgabe der Rechtsprechung, diese Maßstäbe problembezogen herauszuarbeiten, abzuwägen und ihnen die notwendige Zuspitzung auf das gerade gestellte Problem zu geben. Jedoch ist hier diese Aufgabe wegen der Inhaltsarmut der gesetzlichen Regel viel umfassender als bei präziseren Bestimmungen. Dies ist unverkennbar und vom Gesetzgeber einer Generalklausel auch, weil unvermeidlich, so gewollt. Letztlich steckt daher in den Generalklauseln auch eine Verweisung auf die notwendige **Schaffung und Anwendung von „Richterrecht"**. Darin liegt eines der wichtigsten methodischen Problemfelder, und zwar auch und gerade im Rahmen eines kontinentalen, also kodifizierten Rechtssystems (näher zum Richterrecht sogleich S 123 ff).

Theoretisch handelt es sich bei der Konkretisierung um **„Auslegung" der Generalklausel**, weil ihr möglicher Wortsinn wegen ihrer Vagheit ungemein weit reicht. Tatsächlich liegt, wie schon das unterschiedliche Konkretisierungsmaterial zeigt, vielfach eine Rechtsfindung vor, die in der Sache eher der Rechtsfortbildung entspricht. Grundsätzlich müssen bei der Konkretisierung von Generalklauseln alle juristischen Methoden kombiniert werden, soweit sie im konkreten Zusammenhang überhaupt ergiebig sind. Die „Natur der Sache" tritt infolge der Verweisung auf Verkehrsübung und Verkehrsanschauung stärker hervor als sonst.

Zwecks konsistenter Einpassung in das Rechtssystem haben allerdings die **rechtsinternen Konkretisierungsmittel bei Kollisionen im Zweifel Vorrang** vor bloßen Verkehrsübungen und Verkehrsanschauungen; diese Anschauungen sind für sich allein betrachtet ja nichts Normatives (anders dann, wenn sich eine Gesetzesnorm zur Konkretisierung auf sie beruft). Vielmehr werden sie im Zusammenleben der Menschen von den meisten aus Gründen der Vernunft (Vereinfachung, Vereinheitlichung usw) beachtet. (So weicht etwa bei Begegnungen im Gebirge an Engstellen derjenige aus, der auf der Bergseite geht, nicht hingegen der am steilen Abhang. Gesetzlich angeordnet ist das nicht.) Notwendig ist daher wiederum die Begrenzung der Rechtsanwendung im Rahmen von Generalklauseln durch die Lex-lata-Grenze einschließlich der Möglichkeit des Funktionswandels; und zwar hier in dem Sinn, dass die Heranziehung einer Generalklausel nicht zu Ergebnissen führen darf, die dem klaren Wortlaut und der übereinstimmenden klaren Absicht des Gesetzgebers anderer, präziserer Regelungen widersprechen (vgl das bereits gebrachte Beispiel des Funktionswandels bei der Geschäftsgrundlage).

*Ein weiteres **Beispiel** für den Funktionswandel von Generalklauseln ist die „mittelbare" (durch privatrechtliche Regeln vermittelte und diesen dadurch eingepasste) „Drittwirkung" der verfassungsrechtlichen Grundrechte im Privatrecht, die hauptsächlich mit Hilfe der „guten Sitten" bzw von „Treu und Glauben" erfolgt.*

III. Besondere Vorrangstellung der europarechtskonformen Auslegung?

In jüngerer Zeit wird der europarechtskonformen (richtlinien-, unionsrechtskonformen) Auslegung (zu ihr bereits ausführlicher S 63 ff) von manchen – in unterschiedlichen Schattierungen – eine besonders große Bedeutung bis hin zum (beinahe) absoluten Vorrang zugeschrieben. Daran ist richtig, dass der nationale Gesetzgeber regelmäßig die Absicht hatte, seinen Umsetzungspflichten korrekt nachzukommen („Generalumsetzungswille“). Daher ist die richtlinienkonforme Auslegungsvariante immer dann zu wählen, wenn die **nationalen Methodenregeln** dem nicht entgegenstehen. Eine solche **Schranke** stellt wiederum die **Lex-lata-Grenze** dar: Hat der nationale Gesetzgeber die konkrete Norm inhaltlich genauso gewollt wie sie formuliert wurde, muss die Norm auch dann mit diesem Inhalt angewendet werden, wenn er sich als richtlinienwidrig erweist (Beispiel dazu bereits auf S 67 f). Selbst der EuGH erkennt ausdrücklich an, dass die richtlinienkonforme Auslegung ihre Grenze dort findet, wo sie das jeweilige nationale Recht einschließlich der für dieses Recht anerkannten Methodik setzt.

E. Die Bedeutung von „Richterrecht“ und seine Anwendung

I. Das Phänomen und seine faktische Bedeutung

Als **Richterrecht** (auch: Präjudizienrecht, Gerichtsgebrauch, Fallrecht, Case Law) bezeichnet man normative Sätze, die in der Begründung gerichtlicher, vor allem höchstgerichtlicher Entscheidungen verwendet werden und nicht in der bloßen Wiedergabe positiver Rechtsvorschriften bestehen. Die Frage lautet nun, ob, wann und inwieweit dieses „Recht“ wie Gesetzesrecht zu beachten ist.

> ***Beispiel:*** *Aus den Ausführungen in der einschlägigen österreichischen Judikatur zu § 578 ABGB, die deutlich über die bloße Bezugnahme auf den Text der Norm hinausgehen, ergibt sich konkret, dass eine stenografische Niederschrift das Erfordernis der Eigenhändigkeit sehr wohl erfüllt, Maschinenschrift hingegen nicht.*

Diese Festlegung betrifft nicht bloß die Entscheidung spezieller Einzelfälle selbst, die zwischen den Streitparteien rechtskräftig wird. Vielmehr werden als Begründung generalisierende Sätze aufgestellt, die auf einer **mittleren Abstraktionshöhe** zwischen den Gesetzesregeln und der Einzelfallentscheidung stehen. Daher sagt auch **§ 12 ABGB**, wonach einzelne Urteile auf andere Fälle nicht ausgedehnt werden können, schon seinem Wortlaut nach für das eigentliche Problem der Bindung an das Richterrecht nichts aus.

Es unterliegt keinem Zweifel, dass auch in Kontinentaleuropa die weitaus üblichste „Rechtsfindungsmethode“ in der Rechtspraxis angesichts eines Problemfalles in der Suche nach einschlägigen Vorentscheidungen besteht: Jeder Anwalt oder Richter informiert sich zuallererst, ob es zu dem als entscheidungsrelevant erkannten (oder vermuteten) Problem Judikatur gibt; idealerweise vom zuständigen Höchstgericht. So wird allerdings in der Praxis auch dann vorgegangen, wenn die Lösung auf „normalen“ methodischen Wegen gefunden werden kann. Diese Fälle interessieren nunmehr nicht. Vielmehr ist an Entscheidungen zu denken, die bloß eine Richterrechtsregel, auch „Fallnorm“ genannt, enthalten, die auf den anstehenden Problemfall bzw eines seiner problematischen Elemente (deduktiv) anwendbar ist. Allerdings sind solche **Präjudizien** nicht in einer Weise anzuwenden, wie sie aus amerikanischen Filmen bekannt ist: Ein Anwalt blättert eine ganze Nacht lang in alten Entscheidungssammlungen und findet schließlich eine einzelne passende Entscheidung aus dem Jahr 1895, woraufhin er bei Sonnenaufgang müde, aber glücklich zu Bett geht. Er weiß ja nun, dass ihm der Hinweis auf diese Entscheidung am nächsten Tag in der Gerichtsverhandlung den Prozesserfolg – und anschließend wohl auch ein höheres Gehalt – bringen wird.

Die **Art der Präjudizienverwendung** ist ein gutes Kriterium, um die juristische Qualität des Verwenders zu beurteilen: Bei schwachen Juristen kommt es manchmal zu erstaunlichen Fehlleistungen, weil sie isoliert herausgegriffene Sätze – häufig zu allgemein formulierte „Leitsätze" in Fachzeitschriften oder „Rechtssätze" in Datenbanken – aus möglichen Präjudizien zitieren und ohne Rücksicht auf ihre eigentliche Bedeutung auf in Wirklichkeit ganz andere Problemlagen anwenden. Ihre konkrete („wahre") Bedeutung wird ja erst durch den Kontext der tatsächlichen Fallumstände und der streitigen Rechtsfragen des früheren Falles zureichend bestimmt.

Beispiel: *So kann aus der in ganz anderem Zusammenhang getroffenen Aussage eines Höchstgerichts, dass Optionsverträge von Vorverträgen zu unterscheiden sind, unversehens und falsch eine Ablehnung der analogen Anwendung der Clausula-Bestimmung des § 936 ABGB auf Optionsverträge werden (jedenfalls, wenn jemand zusätzlich die Judikatur nicht kennt, die diese Analogie ausdrücklich bejaht).*

Die **zentrale Bedeutung der Präjudiziensuche und Präjudizienverwertung** bei der praktischen Rechtsfindung würde gänzlich missverstanden werden, wenn man daraus etwa die Überflüssigkeit oder doch die geringe Bedeutung der oben erörterten methodischen Kriterien und Gedankengänge ableiten wollte. Dieser Schluss wird zwar von manchen gezogen, ist aber aus mehreren Gründen falsch. Zunächst müssen selbstverständlich Rechtsprobleme auch dann so begründet wie möglich beurteilt werden, wenn zu ihnen noch keine gerichtlichen Präjudizien vorliegen. Ferner gibt es auch in der Rechtsprechung umstrittene, also uneinheitlich beantwortete Fragen; ebenso finden sich Widersprüche. Schließlich müssen, wie ausführlich zu erörtern sein wird, die vorhandenen Vorentscheidungen kritisch auf ihre konkrete rechtliche Begründung überprüft werden, was nur mit Hilfe der methodologischen Kriterien der Rechtswissenschaft möglich ist. Es ist ja durchaus denkbar, dass die besseren Argumente sogar gegen eine schon länger etablierte ständige Rechtsprechung sprechen. Das führt immer wieder zu einer Weiterentwicklung – nicht selten im Sinne einer differenzierten Problemlösung –, wenn diese Argumente insbesondere von Seiten der Rechtswissenschaft auf den Tisch kommen und die Gerichte überzeugen.

Welche rechtliche Bedeutung vorhandene, uU sogar einheitliche Präjudizien nun aber genau haben, ist in den kontinentaleuropäischen Rechtsordnungen mit kodifizierten Systemen außerordentlich umstritten. Die ganz übliche ausführliche Verwertung von Vorjudikatur kann schon deshalb nicht gegen die üblichen Methodenregeln ins Treffen geführt werden, weil – von bloßen Billigkeits- oder Gefühlsentscheidungen mit mehr als fragwürdiger Legitimität abgesehen – in die Begründung dieser früheren Judikate bereits die methodisch korrekten Rechtsgewinnungsargumente eingegangen sein müssen (bzw sollten), sodass der Verweis auf bestimmte Präjudizien jedenfalls mittelbar auch die darin enthaltenen (bzw zumindest rekonstruierbaren) methodischen Argumente mit erfasst.

Aus diesem Grund wird die **Vorjudikatur** ziemlich einheitlich **zumindest** als **„Rechtserkenntnisquelle“** anerkannt; ähnlich wie ein Lehrbuch oder eine wissenschaftliche Abhandlung: Es handelt sich hier wie dort um bereits vorliegende Versuche, bestimmte Rechtsfragen in rechtlich begründeter Weise zu lösen. Auf sie kann der gegenwärtige Beurteiler eines aktuellen Falles, der dieselben Rechtsfragen aufwirft, zurückgreifen. Er muss (bzw sollte) das immer dann tun, wenn er selbst nicht in der Lage ist, die betreffende Rechtsfrage vollständig zu analysieren und unter Ausschöpfung der auffindbaren Argumente zu entscheiden. So verhält es sich in der praktischen juristischen Arbeit nicht zuletzt unter dem Druck der laufenden Geschäfte sehr häufig. Die Verwendung schon vorhandener präjudizieller Rechtsprechung als Vorrat bereits vorliegender Problemlösungen ist daher in hohem Maße zweckmäßig bis notwendig.

Freilich darf sich der jeweilige Beurteiler die eigenständige Arbeit nur in bestimmtem Umfang ersparen. Einerseits gibt es Vorentscheidungen, die für den einigermaßen kritischen juristischen Beurteiler schon wegen ihrer offensichtlich unzureichenden Begründung die Vermutung ihrer inhaltlichen Richtigkeit nicht in sich tragen. Erkennbar unrichtige „Rechtserkenntnis" ist aber in Wahrheit keine Rechtserkenntnis, sondern nur ihr im konkreten Fall leider missglückter Versuch. Andererseits bedarf die tatsächliche Präjudizialität vorliegender Judikatur für den gerade aktuellen Fall stets sorgfältiger analytischer Überprüfung. Mechanische Verwendung von Vorentscheidungen ist daher kein geeigneter Ersatz für das eigene juristische Denken des Beurteilers. Entlastet wird dieses Denken aber doch weithin von der praktisch unmöglichen Aufgabe, dass jeder juristische Beurteiler bei jeder auftretenden Rechtsfrage selbst in alle Tiefen und Untiefen des Problems eindringt.

Die Behandlung vorhandener publizierter Judikatur als im Rahmen des Möglichen kritisch zu verwertende „Rechtserkenntnisquelle" ist nach allem geradezu selbstverständlich. **Die juristische Daueraufgabe der rational bestmöglich begründeten Lösung** der gestellten Rechtsfragen aus dem gesamten Rechtssystem und den notwendigen „wahrheitsnächsten" empirischen Sätzen muss naturgemäß stets durch die Zeitnöte der praktischen Arbeit und die beschränkten Mittel und Fähigkeiten des jeweiligen einzelnen Beurteilers relativiert verstanden werden. Objektiv optimieren lässt sich die Verfolgung dieses Ziels nur durch die vereinigten Anstrengungen und durch die Diskussion aller am Recht praktisch und theoretisch qualitätsvoll Tätigen. Der Beitrag der Rechtswissenschaft kann und muss dabei schon deshalb erheblich sein, weil ihre Vertreter in der Regel in der Lage sind, ihre regelmäßig selbst gewählten Problemfelder, in denen sie Spezialisten sind, ohne unmittelbaren Zeitdruck oder den Zwang zur alsbaldigen Entscheidung zu bearbeiten. Die immer wieder vertretene Meinung, dass die Produkte richterlicher Weisheit per se allen Ergebnissen der professionellen Rechtswissenschaft überlegen seien (etwa nach dem Motto: „Der EuGH hat gesprochen und daher stellt sich die Rechtslage nunmehr wie folgt dar: …"), ist schon aus diesen Gründen verfehlt; ebenso wie der – heute freilich wohl von niemandem mehr behauptete – grundsätzliche Vorrang der Erkenntnisse von Professorinnen oder Professoren als solchen. Derartige berufsspezifische Vorrangvorstellungen sind, wenn sie ernst gemeint sein sollten, von erstaunlicher

Naivität oder ganz tendenziös, da es nur auf die **Stärke der Argumente** im jeweiligen Zusammenhang ankommen kann, nicht hingegen darauf, wer sie in die Diskussion eingebracht hat. (Bei Ausführungen von Personen, die an konkreten Ergebnissen einer juristischen Diskussion nicht bloß ein wissenschaftliches Interesse haben – etwa weil sie eine Prozesspartei in einer einschlägigen Angelegenheit rechtsfreundlich vertreten oder für diese ein Rechtsgutachten erstattet haben –, ist allerdings ein besonders kritischer Blick geboten. Allerdings können auch diese Personen recht haben.) Dass praktisch Tätige, vor allem Rechtsberater, spezielles Augenmerk auf die höchstgerichtliche Judikatur legen müssen, steht dazu in keinem Widerspruch. Hier wirkt eben die Kraft des Faktischen besonders stark.

Praktisch fruchtbar ist die professionelle rechtswissenschaftliche Arbeit selbstverständlich nur dann, wenn sie die schon genannte juristische Daueraufgabe nicht aus den Augen verliert, sondern wenigstens als entferntes, mittelbar zu förderndes Ziel auch der theoretischen Grundlagenarbeit im Auge behält. Rechtstheoretische Bemühungen mit ganz anderer Zielrichtung werden damit natürlich nicht etwa ausgeschlossen: sie können aber für die Erfüllung der Daueraufgabe, die rational bestmöglich begründete Lösung zu finden, höchstens Zufallstreffer beisteuern.

II. Der Streit um die rechtliche Bedeutung des Richterrechts (mit Überlegungen zum Gewohnheitsrecht)

1. Grundsätzliche Positionierungen

Die bisher erörterte technisch-informative Bedeutung von „Richterrecht" als zweckmäßiges und sogar häufig notwendiges Mittel methodischer, wenn auch verkürzt argumentierender Rechtsanwendung im üblichen Sinn ist wie schon erwähnt nicht zu bestreiten und daher wohl auch tatsächlich unumstritten. Ganz anders steht es hingegen mit der Frage, ob und in welchem Umfang Richterrechtssätzen auch eigenständige rechtliche, also **normative Bedeutung** zukommt. Kann bzw wann kann Richterrecht also wie Gesetzesrecht binden, dh Geltung und damit auch Anwendung verlangen?

Diese Frage wird im kontinentaleuropäischen, grundsätzlich kodifizierten Recht nach wie vor kontrovers diskutiert. Vor allem die große Bandbreite der dazu vertretenen Meinungen ist angesichts der praktischen Bedeutung des Problems erstaunlich und bedenklich. So wurde vor einiger Zeit zutreffend von „methodologischer Verlegenheit" gesprochen, wenn es darum gehe, mit dem immer wichtiger werdenden, aber immer noch als problematisch empfundenen Phänomen des Richterrechts umzugehen.

Das eine Extrem bildet die traditionelle und nach wie vor verbreitete Auffassung, die über die **Rechtsprechung als bloße Erkenntnisquelle** keinen Schritt hinausgeht. Die eigenständige rechtliche Bedeutung wurde im Rahmen dieser Auffassung einmal unüberbietbar knapp und deutlich dahin beurteilt, dass „ein richterliches Präjudiz an sich nichts" (Rechtserhebliches) bedeute. Das ist vom Standpunkt der bloßen Rechtserkenntnisquelle aus ganz konsequent, da es gleichgültig ist, woraus der rechtliche Beurteiler seine notwendigen Rechtserkenntnisse bezieht; ob er also der juristischen Literatur, bejahendenfalls welchen ihrer Strömungen oder Werke, ob er vorhandener Vorjudikatur oder nur eigener Forschung vertraut.

Eine für die rechtliche Bedeutung irrelevante Variation dieser Meinung liegt vor, wenn auf die faktisch dennoch herausragende Bedeutung der Präjudiziensuche und Präjudizienanwendung hingewiesen wird. So wird gesagt, dass vorliegende ältere Judikatur (bloß) ein rechtssoziologisch bedeutsames Faktum sei; dass sie (bloß, aber immerhin) „faktische" oder „praktische" Geltung bzw Bindungskraft besitze; ja sogar, dass es deshalb auf die rechtliche Qualität von Richterrecht gar nicht ankomme, weil die **„praktische Geltung"** genüge.

Das ist im Rahmen einer normativen Wissenschaft wie der Jurisprudenz jedenfalls unzureichend. Die zitierten Begriffe klingen wegen des normativen Gehaltes von „Geltung" oder „Bindung" sogar wie Widersprüche in sich. Man kann sie aber wohl dahin interpretieren, dass im Rechtsverkehr mit der tatsächlichen Befolgung vorhandener Präjudizien im Allgemeinen gerechnet werden kann und muss, auch wenn jede rechtliche Bindung fehlt. In Wahrheit bleibt aber die **normative Frage** unabweislich: Liegt eine (bewusste) Abweichung vom vorhandenen Fallrecht in der Entscheidungsbefugnis des aktuellen rechtlichen Beurteilers, vor allem des nunmehr zuständigen Richters? Darf, soll oder muss er davon abweichen; und wenn ja: unter welchen Umständen? Konsequenterweise sind aber auch Folgefragen unausweichlich: Muss der Rechtsverkehr (unter welchen Voraussetzungen) damit rechnen, dass eine solche Abweichung stattfindet, oder kann er darauf vertrauen, dass sich nichts ändert? Und was geschieht, wenn sich im Nachhinein herausstellt, dass die Einschätzung falsch war?

Globalaussagen über eine generelle Befolgungstendenz mögen faktisch durchaus richtig sein, lassen aber naturgemäß alles rechtlich Entscheidende offen. Sie stellen ja nur eine generelle Prognose, die im Einzelfall sogar als solche wenig hilft. Vor allem aber fehlt eine Stellungnahme zur zentralen Frage, welche Rolle Richterrecht legitimerweise spielen soll. Es wäre ein Armutszeugnis der Methodenlehre, sich dieser rechtlich entscheidenden Frage zu verschließen. Die dargestellten Aussagen führen ja auf der normativen Ebene zu dem Schluss, dass man bei der Beurteilung von Einzelfällen vorhandene Vorentscheidungen befolgen darf – was manche Äußerungen im Rahmen des von ihnen für maßgebend gehaltenen richterlichen Ermessens (dann überflüssigerweise) besonders hervorheben –, dass man sie aber auch ignorieren darf. Der Rechtsverkehr muss also, ungeachtet der faktisch überwiegenden Tendenz zur Befolgung, doch auch mit Ignorierung oder Verwerfung der Vorjudikatur rechnen. Das hilft weder dem entscheidungspflichtigen Gericht noch dem Rechtsverkehr.

Das extreme Gegenteil zum „an sich nichts“ vertreten die Meinungen, die letztlich **allein das Richterrecht** als **rechtlich relevant** und daher als verbindlich betrachten: weil Gesetzesregeln infolge ihrer Allgemeinheit bloßes Programm seien; weil sie nur den Inhalt hätten, den die Richter „pflichtgemäß“ (?) daraus entnehmen; weil ein Gesetz vielleicht noch nie eine richterliche Entscheidung bestimmt habe (!), weil es überhaupt keinen erkennbaren entscheidungserheblichen Inhalt habe usw. Solche Positionen wurden und werden in der methodischen Diskussion tatsächlich vertreten. All dies ist bereits vollkommen erfahrungswidrig, weil einfache Fälle oder Sachverhaltselemente ständig problemlos durch schlichte Subsumtion ohne weiteres aus dem Gesetz beurteilt werden. Selbstverständlich berufen sich auch die Gerichte in ihren Entscheidungen regelmäßig auf konkrete Gesetzesvorschriften! Auch theoretisch müssen sich die Vertreter solcher Auffassungen fragen lassen, wieso die Schwierigkeiten menschlicher Kommunikation und des Textverständnisses in anderen Zusammenhängen regelmäßig gut gemeistert werden können, sie aber gerade bei Aussagen des Gesetzgebers als unüberwindbar angesehen werden. Besonders bizarr ist dabei, dass diese Unverständlichkeit zwar das Gesetz, nicht aber (auch) die – immer noch recht allgemeinen! – Richterrechtsregeln erfassen soll. Glücklicherweise sind die Vertreter solcher Ansichten deutlich in der Minderzahl.

2. Richterrecht und Gewohnheitsrecht

Etwas weniger extreme Meinungen leugnen nicht vollständig die Existenz eines erkennbaren Gesetzesinhalts, betrachten das **Richterrecht** aber **als dem Gesetz gleichrangige Rechtsquelle**; in der Regel dann vom Charakter des Gewohnheitsrechts, teilweise aber auch als eigenständigen Entstehungsgrund von Recht.

Jedoch überzeugen sind auch diese Auffassungen nicht. Das **Gewohnheitsrecht** umfasst die im Rechtsleben tatsächlich wirksamen Rechtssätze, deren „Positivierung“ nicht durch Beschluss einer besonderen, in der Rechtsgemeinschaft anerkannten Gesetzgebungsinstanz, sondern durch das gleichmäßige (ganz überwiegende) Verhalten der Menschen im Rechtsverkehr und (zum Unterschied von Verkehrssitte, Handelsbrauch usw) unter der dabei mitwirkenden Überzeugung zustande gekommen ist, dass die zugrunde gelegte Maxime rechtlich bindend sei (opinio iuris sive necessitatis). In der Sintflut der gegenwärtigen Gesetzgebung ist heute, anders als in früheren Zeiten und langfristig im common law, nur noch sehr wenig Raum für eine solche Entstehung von Rechtsvorschriften unmittelbar durch Verhalten und Bewusstsein der einfachen Mitglieder der Rechtsgemeinschaft selbst.

> ***Beispiele:*** *Im österreichischen Recht sind aber immerhin das Rechtsinstitut der Treuhand, der Rechtfertigungsgrund des sportregelgerechten oder sporttypischen Verhaltens bei Körperverletzungen, einige Sonderregeln im bäuerlichen Bereich (Realgemeinschaften als juristische Personen; Übergabeverträge unter Lebenden mit Begünstigung des Übernehmers; Regeln über offenkundige Grunddienstbarkeiten) und die Befugnis des*

Leiters einer GmbH-Generalversammlung, das Beschlussergebnis festzustellen, zu nennen.

Gesetzespositivistisch motivierte Behauptungen über das Fehlen von aktuellem Gewohnheitsrecht sind also jedenfalls unbegründet; ebenso die Behauptung, die Verfassung schließe die Entstehung von Gewohnheitsrecht aus, weil sie diesen Entstehungsgrund von Recht nicht erwähne. Dieses Argument ist bloß ein Unterfall des „allgemeinen negativen Satzes" und scheitert schon daran, dass die Verfassung, soweit sie überhaupt auf erschöpfende Erfassung der objektiven Rechtsquellen zielt, dabei (vom Völkerrecht abgesehen) offenkundig nur an bewusste Rechtssetzung denkt. Die spontane Entstehung von Gewohnheitsrecht im Rechtsverkehr selbst ist etwas qualitativ anderes.

Die Einordnung des Richterrechts als Gewohnheitsrecht scheitert jedoch bereits an der **Entstehungsvoraussetzung** der gleichmäßigen Übung im Rechtsverkehr selbst. Das Richterrecht ist vielmehr ein Produkt von Staatsorganen, mögen diese auch nicht in der Absicht, allgemeine Normen zu setzen, sondern im Rahmen ihrer Aufgabe der Einzelfallentscheidung tätig geworden sein. Zwar wird heute die **„opinio iuris"** in der Regel am einfachsten durch eine entsprechende Judikatur nachzuweisen sein, weil und wenn diese einen im Verkehr herausgebildeten Satz als bindendes Recht behandelt und damit dem Rechtsverkehr die entsprechende Rechtsüberzeugung vermittelt oder bestätigt. Die allgemeine tatsächliche Übung im Rechtsverkehr selbst ist aber für das Gewohnheitsrecht unverzichtbar. Dass häufig wiederholte Judikaturregeln als solche im Rechtsverkehr weithin beachtet werden, wofür schon anwaltliche Vorsicht und Beratung sorgt, reicht dafür nicht aus, weil doch in aller Regel die Produktion des Normsatzes durch die Gerichte und nicht durch den Rechtsverkehr selbst für alle Beteiligten deutlich ist. Es mag freilich auch sein, dass eine ursprünglich richterrechtliche Regel im Rechtsverkehr selbst in einem derartigen Ausmaß in die Praxis und in das Rechtsbewusstsein eingegangen ist, dass die ursprüngliche bloß richterrechtliche Herkunft als Grundlage oder Bestätigungsfaktor ganz in Vergessenheit geraten ist. (Ein Beispiel dafür bietet wohl die Sicherungsübereignung durch Besitzkonstitut im deutschen Recht.) Dann ist entsprechendes Gewohnheitsrecht wohl anzuerkennen, gleichgültig, ob sich feststellen lässt, dass die entsprechende Übung des Rechtsverkehrs sich schon vor der einschlägigen Judikatur, parallel zu dieser oder erst nachträglich entwickelt hat.

Über das Gesagte hinaus spricht gegen die Qualifizierung von Richterrecht als Gewohnheitsrecht ein starkes **argumentum ad absurdum**: Wegen der **Gleichrangigkeit** von Gesetzes- und Gewohnheitsrecht müsste sie dazu führen, dass jede einmal etablierte, durch bloß vermeintliche, uU aber sogar evident unrichtige „Gesetzesanwendung" begründete Judikatur das Gesetz, dem sie in Wahrheit widerspricht, sogleich durch Derogation dauerhaft verdrängt. Ein noch so grober Fehler der Judikatur wäre wegen der bindenden Kraft des (jüngeren) vermeintlichen Gewohnheitsrechts nicht mehr zu korrigieren. Für wirklich derogatorisches Gewohnheitsrecht („desuetudo") ist hingegen weit mehr zu fordern, nämlich langfristige Nichtanwendung einer bestimmten Gesetzesvorschrift durch Rechtsgemeinschaft und Staatsorgane mit allseitiger Rechtsüberzeugung.

Das Gesagte lässt den essentiellen **Unterschied** zwischen Gewohnheitsrecht und Richterrecht erkennen: Das erstere entsteht im Verhältnis zur bisher geltenden Rechtsordnung autonom im Rechtsverkehr, das zweite wird – es sei denn, dass es sich um offenen Rechtsbruch handelt – zumindest im Versuch der Begründung aus dem vorweg bestehenden, bindenden Rechtssystem produziert.

3. Der Vorrang des Gesetzesrechts

Von ähnlichen Einwänden wird auch jene Auffassung getroffen, die das Richterrecht als eigenständige und **gleichrangige** weitere Quelle bindenden Rechts betrachtet. Anwendbar bleibt insbesondere das argumentum ad absurdum aus der unmittelbaren derogatorischen Kraft jeder einmal etablierten Rechtsprechungslinie, mag sie auch tatsächlich in vollem Widerspruch zum der Rechtsprechung bindend vorgegebenen Recht entstanden sein: Das Gericht hat das Gesetz dann eben bloß anzuwenden *versucht*, hat sich dabei aber geirrt; etwa weil es groben Interpretationsfehlern oder sachlichen Missverständnissen zum Opfer gefallen ist. Die Judikatur hat aber auch in dieser Situation durch ihren eigenen Begründungsversuch den Vorrang des ihr vorgegebenen Rechtssystems anerkannt! Dass daraus sogleich dem Gesetz gleichrangiges Richterrecht entstehen soll, welches das falsch angewendete Gesetz (samt seinen Grundlagen) verdrängt, erweist sich damit schon logisch als **Widerspruch**.

Der rechtlich entscheidende Punkt ist dabei der **Vorrang des Gesetzes** bzw der **Vorrang der gesetzgeberischen Entscheidung**. Mit dieser etwas verkürzten Formulierung ist hier stets der Vorrang des Gesetzes nicht als bloße Summe von publizierten und nachlesbaren Texten gemeint, sondern – mit Ausnahme des Gewohnheitsrechts – das **gesamte Rechtssystem**; also die Gesetzesregeln samt den ihnen zugrunde liegenden Zwecken und allgemeineren Rechtsprinzipien einschließlich der methodologischen Regeln. Denn die Gesetzes*texte* allein sind, wie bereits mehrfach dargelegt, infolge ihrer Distanz zum konkreten Rechtsproblem für sich allein für die Rechtsanwendung im Ganzen häufig unzulänglich. „Vorrang des Gesetzes" bedeutet also den Vorrang des gesamten, der Judikatur verbindlich vorgegebenen Rechtssystems; daher auch der darauf gestützten methodisch korrekten Rechtsfindungsergebnisse.

Dass dieser Vorrang verletzt wäre, wenn jede Judikaturregel gesetzesgleiche Gültigkeit hätte und daher einem widersprechenden älteren Gesetz als jüngere Regel derogieren müsste, liegt auf der Hand. Zutreffend schließt daher § 12 ABGB ausdrücklich eine gesetzesgleiche Kraft von gerichtlichen Entscheidungen und ihre dementsprechende Erstreckung auf andere Fälle aus. Primär handelt der Paragraf von den Einzelfallurteilen als solchen und hebt damit (wohl auch) die subjektiven Grenzen der Rechtskraft hervor. Gemeint sind aber offenbar auch die in den Einzelurteilen enthaltenen richterrechtlichen Sätze. Nur diese könnten ja auf „andere Fälle" angewandt werden. Diesen Sätzen wird damit zwar die gesetzesgleiche Wirkung abgesprochen (Urteile „haben nie die Kraft eines Gesetzes"). Davon, dass sie *keinerlei* normative Bedeutung haben können, ist in § 12 ABGB hingegen nicht die Rede.

Manche Autoren bemühen sich, den Vorrang des Gesetzes gegenüber dem Richterrecht mit großem Aufwand aus den positiven Verfassungen ihren jeweiligen Heimatländer zu begründen. Das ist aufgrund der an manchen Orten herrschenden Richterrechtseuphorie und dementsprechend extensiv betriebener „richterlicher Rechtsfortbildung" verständlich, aber unnötig. Es geht gar nicht um die

Auslegung mehr oder weniger passender oder durch „Hineinlesen" bestimmter Grundsätze passend gemachter positiver Verfassungsregeln, sondern um ein Strukturelement der Rechtskultur (zumindest) unseres gesamten kontinentaleuropäischen Rechtskreises. Es besteht in der **Gewalten- und Funktionsverteilung zwischen den Staats- und den Rechtsorganen**, die zum Zweck und mit der Funktion der Rechtssetzung geschaffen werden, einerseits und jenen, die mit dem Zweck und der Funktion der Einzelfallentscheidung durch Rechtsanwendung eingesetzt sind, andererseits. Diese Aufgabenverteilung ist unabhängig davon, dass in weitem Umfang auch die Entstehung von (ergänzendem) Richterrecht unvermeidlich ist. Sie bleibt nämlich durch den Vorrang des Gesetzes im Grunde aufrecht. Sinnlos und folglich überflüssig würde hingegen die Einsetzung unterschiedlicher Rechtsorgane für generelle Rechtssetzung einerseits und für Einzelfallentscheidungen andererseits, wenn die Judikative nicht an den Vorrang des Gesetzes gebunden wäre. Weitgehend sinnlos wären damit aber auch die politischen Auseinandersetzungen und demokratischen Wahlen um die Mehrheit in den Gesetzgebungsorganen, wenn doch deren Ergebnisse gegenüber der Rechtsprechung bloß empfehlenden Charakter hätten.

Der beschriebene Strukturunterschied und seine Konsequenzen hängen nicht einmal vom Bestand einer geschriebenen (demokratischen) Verfassung ab, sondern nur von der genannten Funktionsteilung. Auch und gerade unter der absoluten Monarchie bei Erlassung des ABGB bestand an der Bindung der Gerichtsbarkeit an das Gesetz, also an dessen selbstverständlichem Vorrang, kein Zweifel. Der Hauptredaktor des ABGB, *Zeiller,* hat diesen Vorrang mit großem Nachdruck unterstrichen. (Eine andere, hier nicht unmittelbar interessierende Frage war, wie weit „der Herrscher" umgekehrt Einzelfallentscheidungen an sich oder an ad hoc bestimmte Instanzen ziehen konnte. Das war als Folge des Absolutismus grundsätzlich vorgesehen. *Zeiller* hat dazu allerdings ein auch den Herrscher – wohl nur informell-ethisch – bindendes naturrechtliches Prinzip der Unabhängigkeit des Richters vertreten.)

Was nach der unvermeidlichen Ablehnung der zum Richterrecht vertretenen Extrempositionen des „nichts" (an rechtlicher Bedeutung) und des „alles" (volle Rechtsquelle) bleibt, ist wie so häufig eine **mittlere Lösung**: Bejaht werden sollte eine beschränkte, genauer eine **subsidiäre Bindungskraft des Richterrechts**. Gelegentliche, aus dem Demokratieprinzip der heutigen Verfassungen abgeleitete, Einwände schlagen nicht durch: Diesem Prinzip wäre ja in keiner Weise gedient, wenn jeder Richter nach Belieben vorhandene Vorjudikatur beachten oder missachten dürfte oder gar, wenn er an jede Vorjudikatur gebunden wäre.

Abgesehen von den genaueren Voraussetzungen und Grenzen der Bindung, die noch geklärt werden müssen, folgt schon aus den bisherigen Ausführungen, dass eine brauchbare Einordnung des Richterrechts in unser Rechtssystem jedenfalls Antwort auf die normative Bindungsfrage geben muss, ohne dabei den grundsätzlichen **Vorrang des Gesetzes anzutasten**.

III. Unterschiedliche Ansätze zur beschränkten Bindungskraft des Richterrechts

Die Lehre von einer **beschränkten Bindungskraft der Vorjudikatur** ist – nach dem bisher Gesagten wenig überraschend – relativ alt und besonders in der schweizerischen Literatur verbreitet. Sie ist aber keineswegs einheitlich. Das kann hier nur an einigen Beispielen angedeutet werden.

Eine detailliert ausgearbeitete Richterrechtstheorie der **„Fallnorm"** begrenzt die (streng verstandene) Bindung auf den Bereich richterlicher **Rechtsfortbildung** und lehnt zugleich im Bereich der Gesetzes*auslegung* jede Bindung an Präjudizien ab. Vom hier vertretenen Standpunkt aus ist für diese Unterscheidung kein ausreichender Grund zu sehen, da auch der Bereich der (ergänzenden) richterlichen Rechtsfortbildung, wie bereits dargelegt, durchaus kontrollierenden rechtlichen Kriterien unterliegt. Wer dies verneint und die richterliche Rechtsfortbildung grundsätzlich als Rechtsfindung contra legem versteht, mag zu einer anderen Sicht kommen. Doch ist dabei schon die abweichende Prämisse, nämlich die Preisgabe des Vorranges des Gesetzes, nicht zu billigen. Richtig ist freilich, dass der Vorrang des Gesetzes in der Regel umso weniger verletzt werden kann, je weniger bestimmt die gesetzliche Regelung und ihre normativen Grundlagen sind. Das begründet aber keine kategorial durchgreifende Verschiedenheit hinsichtlich der Legitimität der Rechtsfortbildung.

Eine andere Auffassung nimmt Maßgeblichkeit des Präjudizienrechts nur dann an, wenn das **Präjudiz im Rechtsstreit nicht argumentativ „angegriffen"** wird. Dabei wird aber nicht gewürdigt, dass mögliche Schwächen und damit die Überprüfungsbedürftigkeit einer bisherigen Judikaturregel nicht nur aus Argumenten ersichtlich werden können, mit denen die Prozessparteien die Vorjudikatur angreifen, sondern auch dem beurteilenden Richter von sich aus ein- und auffallen oder dem rechtswissenschaftlichen Schrifttum entnommen werden können.

Eine prominente Lehre spricht bestehendem Richterrecht **„präsumtive" Geltung** zu, sodass es verbindlich ist, wenn und solange es nicht widerlegt wird. Das ist im Ergebnis plausibel, lässt aber offen, wie und wodurch eine solche Widerlegung erfolgen kann bzw muss. Insoweit wird nur von entgegenstehenden guten Gründen oder überhaupt von entgegenstehenden „Gründen" gesprochen, was wenig weiterhilft.

Dasselbe gilt für die **Lehre von der beschränkten Befolgungspflicht**, die bloß darauf abstellt, ob den Rechtssätzen der Vorjudikatur gute Gründe entgegengehalten werden können, ohne darüber, insbesondere über Art und Gewicht dieser Gründe, Greifbares zu sagen.

IV. Die Lehre von der subsidiären Bindungskraft

Eine überzeugende Lehre von der Bindungskraft des Richterrechts sollte seiner praktisch gewaltigen Bedeutung für die Rechtsfindung Rechnung tragen, die normative Frage seiner Bindungskraft beantworten, den Vorrang des Gesetzes respektieren und (schon deshalb) die Voraussetzungen für Bindungskraft oder Abweichungsnotwendigkeit so systematisch abgesichert und praktisch handhabbar wie möglich angeben.

Diesen Anforderungen entspricht, wie bereits erwähnt, am besten die **Lehre von der subsidiären Bindungskraft des Richterrechts**. Sie erfreut sich heutzutage namhafter Zustimmung und insbesondere weitgehender Übereinstimmung mit jenen Entscheidungen des deutschen BGH, die sich ausdrücklich zur Bindungskraft von Präjudizien äußern.

Die **Kerngedanken** dieser Lehre sind die folgenden: Die fundamentalen Rechtsgrundsätze der Gerechtigkeit und Rechtssicherheit fordern die Anerkennung einer normativen Bindung an eine bestehende Judikatur. Die Streitteile der bisherigen Prozesse wurden in ihren Einzelfällen von staatlichen Instanzen (Gerichten, Behörden) bereits entsprechend den bestehenden Richterrechtssätzen behandelt. Das erweckt regelmäßig (wenn diese Judikatur hinreichend publik ist) entsprechende Erwartungen des Rechtsverkehrs in Bezug auf später auftretende Einzelfälle, die hinsichtlich des richterrechtlich bereits erfassten Fallelements gleichartig sind, in denen also die gleiche Rechtsfrage zu lösen ist. Beliebige „Schwenkentscheidungen" entsprechen daher nicht dem grundlegenden Gebot des Gleichmaßes, sondern schmälern die Voraussehbarkeit der Einzelfallentscheidungen und damit eine zentrale Anforderung der Rechtssicherheit.

Auf **Gerechtigkeitsgleichmaß und Rechtssicherheit** berufen sich ungeachtet sonstiger Nuancen die meisten Vertreter der Lehren von der beschränkten Bindungskraft des Richterrechts. Einzelne Stimmen stützen sich allerdings entweder bloß auf den Gerechtigkeitsmaßstab *oder* auf die Rechtssicherheit, ohne dass dafür eine zureichende Erklärung sichtbar würde. Überzeugend ist es dagegen, wenn zugunsten einer Präjudizienbindung ergänzend auch auf den fundamentalen Grundsatz der **Zweckmäßigkeit** im Sinne der notwendigen **Effektivität** des staatlichen Rechtsschutzapparats hingewiesen wird. In der Tat würden die staatlichen Instanzen der Einzelfallentscheidung hoffnungslos überfordert oder durch notwendigen personellen Ausbau außerordentlich verteuert werden, wenn in jedem Einzelfall jede Rechtsfrage von Grund auf neu untersucht werden müsste; jedenfalls von den gewissenhaften Juristen, die sich nicht einfach „blind" vorhandener Vorjudikatur anvertrauen möchten, sondern mit allem Ernst die rechtsrichtige Entscheidung anstreben. Für diese bedarf es ja jedenfalls normativer Kriterien.

Die genannten **fundamentalen Rechtsgrundsätze** führen zwanglos auch zu den benötigten Beschränkungen der Präjudizienbindung, die den Vorrang des Gesetzes (im weiten Sinn) wahren. Das Gerechtigkeitsgleichmaß (wie auch der verfassungsrechtliche Gleichheitsgrundsatz) fordert keine mechanische Egalität in allem und jedem, insbesondere keine Gleichbehandlung im Unrecht. Verwehrt sind nur willkürliche, sachlich unbegründete Differenzierungen in der Behandlung der Mitglieder einer Rechtsgemeinschaft. Davon kann aber nur die Rede sein, wenn ein Staatsorgan bloß aufgrund persönlicher oder gruppenspezifischer Präferenzen, um originell zu sein, aus Unkenntnis der Vorjudikatur oder aufgrund juristischer Fehler in seinem aktuellen Fall von jener Maxime abweichen möchte, nach der bisher die Menschen in gleichartigen Situationen behandelt wurden.

Dient die **Rechtsprechungsänderung** dagegen der **Korrektur eines inzwischen erkannten Rechtsfehlers**, der in den Vorentscheidungen unterlaufen ist, oder wäre die Maxime der Vorentscheidung im geänderten gegenwärtigen Kontext unrichtig, so ist die **Abwendung vom Präjudiz** alles andere als willkürlich oder sachlich unbegründet. Vielmehr ist sie durch den Vorrang des Gesetzes als der primär zur Orientierung der Rechtsgemeinschaft bestimmten Rechtsquelle sogar **geboten**.

Auf den ersten Blick scheint das Fundamentalprinzip der **Rechtssicherheit** für eine sehr weit reichende Anwendung von Richterrecht zu sprechen: Hat etwa ein nationales Höchstgericht eine Rechtsfrage mehrfach in einem bestimmten Sinn entschieden, wird sich jemand, der erwägt, einen Prozess zu führen, nicht selten primär an dieser Judikatur orientieren. Allerdings ist der Vorrang des Gesetzes auch unter dem Rechtssicherheitsaspekt zu respektieren. Positive Rechtssetzung (und daher auch die daran unvermeidlich anknüpfende methodische Rechtsfindung) hat geradezu den Hauptzweck, dem Verhalten der Menschen in der Rechtsgemeinschaft eine möglichst klare Orientierung zu bieten. Soweit dieser Zweck, und sei es auch erst in wiederholten methodischen Versuchen, erreicht werden kann, fordert das Prinzip der Gerechtigkeit die Respektierung jenes Vorrangs durch die Rechtsfindung und somit die Abkehr von bestehender gegenläufiger Judikatur. Alternative wäre die bewusste Entscheidung gegen nunmehr als zutreffend und durchschlagend erkannte Argumente; anders gesagt: ein bewusstes Judizieren contra legem. Das kann von einem Richter weder verlangt werden noch sollte es ihm auch nur erlaubt sein. Absolute Rechtssicherheit gibt es für die Beteiligten somit nicht; vertraut darf allenfalls in die „objektiv richtige" Rechtsanwendung werden, wobei die objektive Richtigkeit bei schwierigen Rechtsfragen kaum einmal mit Sicherheit vorweg beurteilt werden kann. Aus praktischer Sicht bleibt daher wohl nur, aber immerhin, das Vertrauen der Beteiligten in den Versuch der Entscheidungsorgane, durch sorgfältiges Vorgehen das Richtige zu finden, übrig.

Der Zweckmäßigkeit hinsichtlich des staatlichen Rechtsschutzapparats ist eine immanente Grenze dadurch gesetzt, dass bei unbesehener Bindung an Präjudizien umgekehrt die Effektivität des Gesetzgebungsapparats ernsthaft beeinträchtigt wäre. Dessen Aufgabe besteht ja darin, Konflikte nach allen rechtlichen Vorgaben, also richtig, zu entscheiden.

Die Konsequenz aus alldem ist: Die Verbindlichkeit des Richterrechts hängt davon ab, dass es **nicht** aus dem für die Judikatur verbindlichen, ihr vorgegebenen Recht **als unrichtig widerlegt** werden kann. Dabei muss die „Richtigkeit" aufgrund der Leistungsgrenzen der Rechtswissenschaft und wegen der Möglichkeit der Verteilung methodologisch relevanter Argumente auf gegensätzliche Lösungen durchaus zurückhaltend verstanden werden: Die Widerlegung ist bereits dann gelungen, wenn eine vom bisherigen Richterrecht **abweichende Problemlösungsregel** aus dem vorgegebenen Rechtssystem **besser begründet** werden kann. Damit ist auf die oben dargelegte Auslegung und Rechtsfortbildung einschließlich der methodischen Vorrangkriterien und der allenfalls notwendigen umfassenden Abwägung gegensätzlicher Argumente verwiesen. Stärker bzw besser sind jene Argumente, die mit weniger zahlreichen und vor allem mit systematisch (im Begründungszusammenhang des Rechts) weniger grundlegenden Normen des Rechtssystems im Widerspruch stehen.

Für die Richtigkeit einer Entscheidung muss selbstverständlich die Sach- und Rechtslage in dem Zeitpunkt maßgebend sein, in dem sie ergeht. Vorjudikatur ist daher nicht nur daraufhin zu überprüfen, ob sie schon seit jeher *unrichtig war*, sondern vor allem auch darauf, ob sie nicht durch relevante Veränderungen der Rechtslage und der Sachlage (bzw unserer Kenntnis maßgebender Faktoren) *unrichtig geworden ist.*

Das betrifft nicht etwa nur explizite Änderungen der unmittelbar anzuwendenden Gesetze. Dass eine Judikaturregel durch eine Gesetzesänderung überholt werden kann, versteht sich von selbst. Es geht vielmehr insbesondere auch um die methodologische „Fernwirkung" neuerer Gesetze auf die (systematische) Interpretation oder Ergänzung alter Regeln, mit deren Auslegung oder Ergänzung sich die Vorjudikatur befasst hat.

> ***Beispiele:* 1.** *Die Einführung der EMRK in Österreich mit ihren Vorschriften über den Ersatz immaterieller (ideeller) Schäden machte die – unerhört enge – Auslegung der einschlägigen Regeln des ABGB systematisch unhaltbar und widerlegte dadurch auch (endgültig) die österreichische Vorjudikatur, die bei der Freiheitsberaubung den Ersatz immaterieller Schäden ablehnte.*
>
> **2.** *Im Rahmen der Generalklausel der „guten Sitten" (§ 879 ABGB) hat sich eine neue Regel des KSchG, wonach die vertragliche Freizeichnung von Personenschäden schlechthin unzulässig wurde, systematisch als Konkretisierungsfaktor des § 879 ABGB mit demselben Ergebnis ausgewirkt, da selbstverständlich Leben und Gesundheit von Unternehmern nicht geringer bewertet werden dürfen als dieselben Rechtsgüter von Konsumenten. Damit waren die bisherigen Judikaturregeln im Rahmen der guten Sitten widerlegt, die Unwirksamkeit einer haftungsbeschränkenden Klausel nur bei grobem oder gar bei besonders grobem Verschulden bejahten. Soweit Generalklauseln auf die allgemeinen Verkehrsanschauungen und Verkehrsregeln verweisen, sind diesbezüglich deutliche Änderungen maßgebend; zB bei der Neukonkretisierung des strafrechtlichen Tatbestandsmerkmals „unzüchtig" durch einen – gesellschaftlich begründeten – Judikaturwandel.*
>
> **3.** *Erst vor einigen Jahren ist der OGH von Vorjudikatur abgegangen, die den zu Sicherungszwecken erklärten Schuldbeitritt im Unterschied zur Bürgschaft formfrei zuließ, obwohl sich an den gesetzlichen Bestimmungen über die Form von Rechtsgeschäften nichts geändert hatte. Das Höchstgericht verwies aber vor allem darauf, dass mittlerweile in das KSchG Normen eingefügt worden waren, die eine weitgehende Gleichbehandlung von Bürgschaft, Garantie und Schuldbeitritt nahelegten.*

Auch die Änderung von solchen generellen Tatsachen oder unserer Kenntnis von ihnen, die bei der Rechtsgewinnung korrekt als Prämissen fungiert haben, kann zu abweichenden juristischen Folgerungen und damit zur aktuellen Widerlegung von – ursprünglich wohlbegründeten – Richterrechtsregeln führen. (Die bloß floskelhafte globale Berufung auf geänderte Verhältnisse reicht hingegen nicht aus.)

> ***Beispiele:*** *Erinnert sei zunächst an die schon (S 50) erwähnten Asbestfälle, die nach dem Bekanntwerden der Gesundheitsgefahren asbesthaltiger Baustoffe anders entschieden wurden. Ähnliches gilt vermutlich für das Passivrauchen. Oder: Banken praktizierten die verzögerte (zinsenrelevante) „Wertstellung" bei Überweisung auf ein Kundenkonto. Das wurde ursprünglich von den Gerichten nicht als unangemessene Benachteiligung der Kunden im Sinne des Gesetzes behandelt, weil eine exakte „Wertstellung" mit Eingang der Überweisung zu aufwändig und damit – auch für die Kunden – verteuernd gewesen wäre. Diese Rechtsprechung wurde zutreffend als nicht mehr haltbar erkannt, nachdem alle Banken mit modernen Softwareprogrammen ausgerüstet waren und daher eine sofortige Wertstellung ohne besonderen Aufwand möglich war.*

Die **Grundsatzposition zur Bindungskraft von Richterrecht** sollte somit lauten: An der Rechtsprechungsregel ist festzuhalten, wenn und solange sie nicht durch – im aktuellen Kontext – (deutlich) besser begründete Überlegungen widerlegt werden kann; wenn sie sich also bei Nachprüfung als richtig erweist, aber wohl auch, wenn sie nach dem der Judikatur vorrangigen Rechtssystem und seiner methodischen Anwendung zumindest gleich gut wie eine abweichende Lösung vertretbar ist. In diesem Bereich ungefähr **gleichgewichtiger gegensätzlicher rechtlicher Argumente**, also im Bereich des **„methodischen non liquet"**, damit **subsidiär**, geben die genannten fundamentalen Rechtsgrundsätze den Ausschlag zugunsten einer Bindung an die bestehenden Richterrechtssätze. Das Beibehalten der bisher vertretenen rechtlichen Beurteilung entspricht dann nämlich offenkundig allen Zentralprinzipien: dem Gerechtigkeitsgleichmaß, der Rechtssicherheitsmaxime und dem Grundsatz der Zweckmäßigkeit.

Der Vorrang des Gesetzes (im weiten Sinn) und die Möglichkeiten relevanter Veränderungen im rechtlichen oder rechtlich relevanten tatsächlichen Kontext verlangen eine Überprüfung des bestehenden Richterrechts immer dann, wenn ein auch nur möglicherweise relevantes **neues Argument** gegen die bestehende richterrechtliche Lösung von Beteiligten eines konkreten Prozesses oder in rechtswissenschaftlichen Untersuchungen vorgetragen bzw in der Rechtsprechung selbst entdeckt wird. Etwaige Hoffnungen auf besonders bequeme Rechtsfindung oder gewaltige Effektivitätsgewinne bei der Rechtsprechung wären daher verfehlt. Immerhin bleibt auch die Zweckmäßigkeit in all jenen Fällen (und daher insgesamt in sehr relevantem Ausmaß) unbestreitbar, in denen ein Rechtsproblem bereits gründlich geprüft und entschieden wurde, ohne dass seither neue und möglicherweise relevante Gegenargumente in den Blick gekommen sind.

Das **Gebot immer neuer Überprüfung des Rechtsproblems**, sobald ein auch nur möglicherweise methodisch relevantes Gegenargument auftritt, erweist gelegentliche Einwände als haltlos, wonach der hier vertretene Standpunkt eine „antidynamische Tendenz" habe oder zu einer „Erstarrung" des einmal erreichten Rechtsprechungsstands führen müsse. Tatsächlich ist die hier vertretene methodische Position lediglich anti-willkürlich und rechtssicherheitsschonend. Ebenso kein durchschlagender Einwand ist die Behauptung, die ungefähr gleichmäßige Vertretbarkeit mehrerer Lösungen lasse sich nicht „so ohne weiteres" feststellen. Das ist richtig. Das Gegenteil wurde aber auch nicht behauptet. Vielmehr ist bei der Überprüfung von Richterrecht das gesamte methodologische Instrumentarium einzusetzen. Dem überprüfenden Juristen wird damit jedoch gewiss nicht mehr abgefordert als bei der erstmaligen Bearbeitung eines Rechtsproblems. Während dort aber eine festgestellte ungefähre Pattstellung der rechtlich relevanten Argumente nur noch durch „richterliche Eigenwertung" aufgelöst werden kann, ergibt sich bei der Überprüfung vorhandener Richterrechtssätze eine bestimmte, klare Lösung, nämlich aufgrund der fundamentalen Rechtsgrundsätze das Gebot des Festhaltens an der Vorjudikatur.

Einwände derart, dass Präjudizien nicht wie ein Gesetz binden können, laufen gegenüber der hier entwickelten Meinung offene Türen ein, weil eine subsidiäre Bindung selbstverständlich gerade keine gesetzesgleiche Bindung ist, sondern diese sogar ausdrücklich verneint.

Ernster zu nehmen, aber dennoch nicht durchschlagend ist der Einwand, dass das Präjudiz einen völlig gleichen Fall betreffen und „argumentationsgesättigt" sein, also zu jeder Teilfrage ein Argument präsentieren müsse. Die Voraussetzung „völlig gleicher Fall" trifft deshalb nicht zu, weil Präjudizialität evidentermaßen auch nur für ein Teilproblem bestehen kann und es daher genügt, wenn die darauf bezogene Richterrechtsregel auch im neuen Fall anwendbar ist, mag er auch sonst andere Sachverhaltselemente aufweisen.

Beispiel: *Richterrechtliche Präzisierungen des Irrtumsrechts, die in einem Fall des Erklärungsirrtums entwickelt wurden, können auch in einem Fall des sonstigen Geschäftsirrtums herangezogen werden, wenn sie auch dort auf ein bestimmtes Sachverhaltselement passen; so etwa die Regel, dass es bei der Veranlassung des Irrtums im Sinne des § 871 ABGB nicht auf ein Verschulden des Partners des Irrenden ankommt.*

Überdies ist gemäß den genannten Rechtsgrundlagen für eine beschränkte bindende Wirkung des Richterrechts die Argumentation der Vorjudikatur als solche gegenüber der Richterrechtsregel selbst, nach welcher bereits Menschen behandelt wurden, sekundär: Nur die Richterrechtsregel selbst, nicht ihre vielleicht in mancher Beziehung schwache Begründung ist für den Ansatz der Gleichmaßmaxime von Bedeutung. Ergibt die Überprüfung, dass die Vorjudikatur trotz ihrer schwachen Begründung mit einer anderen, stärkeren, zumindest so gut vertretbar ist wie die nunmehr erwogene Gegenposition, so ist sie aus Gleichmaßgründen beizubehalten. Gegenstand der Erwartungen des Rechtsverkehrs ist nämlich im Allgemeinen bloß die Richterrechtsregel als solche, nicht auch ihre konkrete Begründung. Ist diese Begründung besonders schwach, wird sie allerdings – zumindest bei Sachkundigen – nur geringes Vertrauen erzeugen können. Doch reicht auch ein solches Vertrauen (in die Richterrechtsregel) in Verbindung mit dem klar anwendbaren Gleichmaßgebot für die Rechtfertigung der Bindung aus.

Im Unterschied zu den eben besprochenen kritischen Positionen gibt es auch Stellungnahmen in der methodologischen Literatur, die der hier entwickelten **Lehre vom Richterrecht** mehrere **erhebliche Vorzüge** zuschreiben: Sie trage dem in der Praxis üblichen Umgang mit höchstgerichtlichen Entscheidungen in realistischer Weise Rechnung, indem sie ein theoretisches Fundament für ihre beschränkte normative Verbindlichkeit schaffe. Sie vermeide die Gefahr eines „naturalistischen Fehlschlusses“ vom Sein auf das Sollen ebenso wie die gegenteilige Gefahr, die Bindung des Richters an Gesetz und Recht zu relativieren. Sie impliziere weiter eine elegante Erklärung für die Tatsache, dass sich das geltende Recht trotz gleichbleibender Gesetzesbestimmungen in seiner Anwendung ständig wandle. Auch werde die richterliche Konkretisierung von Generalklauseln und unbestimmten Rechtsbegriffen adäquat erfasst. Dies scheint zu bestätigen, dass die Lehre von der subsidiären Bindungskraft von Präjudizien im Grunde eine systematisch und sachlich zutreffende Einordnung des Phänomens „Richterrecht" in das kontinentaleuropäische, primär kodifizierte Recht darstellt.

V. Praktische Konsequenzen

Ein **Hauptanwendungsgebiet** für korrekt verwendetes Richterrecht auch im kodifizierten System bilden die **Generalklauseln** und ähnlich **unbestimmte Rechtsbegriffe** im Gesetzesrecht mit ihrem bereits erörterten differenzierten und nicht selten ebenfalls vagen oder widersprüchlichen Konkretisierungsmaterial. Das notwendige Minimum an Rechtssicherheit und an Gleichmäßigkeit der Rechtsanwendung ist hier in der Regel überhaupt nur bei sorgfältiger Berücksichtigung der Vorjudikatur erreichbar. Das gilt etwa für die „guten Sitten" im Vertragsrecht, für die „Angemessenheit" des Schmerzengeldes, für die „unverhältnismäßige" Höhe des Verbesserungsaufwands oder die „Geringfügigkeit" eines Mangels im Gewährleistungsrecht usw. Aus diesen Gründen ist die Widerlegbarkeit vorhandenen Richterrechts in solchen Bereichen beschränkt, seine Bindungskraft also praktisch erweitert. Dem Grunde nach ist aber selbstverständlich auch hier der Nachweis möglich, dass der bisherigen Judikatur zu einer bestimmten Frage aktuell überwiegende Gründe entgegenstehen, die sich aus deutlichen Veränderungen im normativen Konkretisierungsmaterial oder in den normbetroffenen und daher rechtlich relevanten Tatsachen ergeben. Das bestätigen zahlreiche wohlbegründete Judikaturänderungen auch in diesem Bereich.

> ***Beispiele:*** *Abkehr von der generellen Einordnung von Prostitutionsverträgen als sittenwidrig und daher unwirksam; Erstreckung des Schmerzengeldes auch auf empfindungsunfähig gewordene Verletzte.*

Die herausgearbeiteten Kriterien zur Anwendung von „Richterrecht" sind aber ohne weiteres auch im Bereich tatbestandlich präziserer Regelungen anwendbar. Das zeigt sich sowohl an der Aufgabe bisheriger Judikaturpositionen als auch an ihrer Aufrechterhaltung mangels von der Rechtsprechung als durchschlagend beurteilter Gegenargumente.

Beispiele für Rechtsprechungsänderungen: *Preisgabe der über lange Zeit vertretenen Ansicht, dass rechtsgeschäftlich durch bloße reale Übergabe „außerbücherliches Eigentum" erworben werden könne; Korrektur der alten Judikatur über die Wirkungen der Verarbeitung einer unter Eigentumsvorbehalt gelieferten Sache; Aufgabe der Auffassung, dass die (kurze dreijährige) Verjährung einer Schadenersatzforderung gemäß § 1489 Satz 1 ABGB bereits vor Entstehung jedes Schadens beginnen und daher auch enden könne (für die lange dreißigjährige Frist hat der OGH hingegen seine Ansicht vom Verjährungsbeginn bereits mit der Vornahme der schädigenden Handlung auch bei viel späterem Schadenseintritt im Jahre 2020 gegen die überwiegende Ansicht der Rechtswissenschaft bestätigt, dazu noch S 146); die schließlich doch akzeptierte Erstreckung der „petitorischen Klage des Mieters gegen Dritte" auch auf Unterlassungsansprüche; und die Anerkennung der Lohnfortzahlung des Arbeitgebers im Krankheitsfall als Fall der Drittschadensliquidation.*

Soweit sich diese Rechtsprechungsänderungen ausdrücklich auf die hier vertretene Lehre berufen haben, beweisen sie zugleich auch die Haltlosigkeit der Behauptung einer „antidynamische Tendenz" dieser Lehre.

Noch viel häufiger hat sorgfältige und umfassende Überprüfung einer Judikatur aber (zumindest) ihre Vertretbarkeit auch im gegenwärtigen Kontext ergeben und damit zu ihrer Aufrechterhaltung geführt.

Beispiele für die Beibehaltung von Rechtsprechungssätzen: *Das Erfordernis gerichtlicher (nicht bloß rechtsgeschäftlicher) Anfechtung eines Vertrages wegen Willensmangels; die absolute Wirkung des vereinbarten Abtretungsausschlusses, etwas ungenau auch als „Zessionsverbot" bezeichnet (der im Jahre 2005 neu geschaffene § 1396a ABGB verstärkt seither diese Position, da er gerade zwecks Durchbrechung der absoluten Wirkung für einen wichtigen Teilbereich eingeführt wurde); ferner die Belassung der Haftung gerichtlicher Sachverständiger im allgemeinen Schadenersatzrecht entgegen mancher Behauptungen über die Anwendbarkeit der Amtshaftung.*

Die (beibehaltene) Ansicht des OGH zum Beginn der langen Verjährungsfrist im Schadenersatzrecht wurde bereits angesprochen. Hier soll an einem konkreten Beispiel gezeigt werden, warum sie nicht überzeugt: Ein Notar macht bei der Errichtung eines Testaments im Jahre 1990 Fehler, die zunächst nicht erkannt werden, aber zur Unwirksamkeit der letztwilligen Verfügung führen. Als der Testator im Jahr 2022 stirbt, geht die als Erbin eingesetzte Person leer aus. Nach der Judikatur kann der Notar dem Schadenersatzbegehren des (unwirksam) eingesetzten Erben Verjährung entgegenhalten, obwohl dessen Schaden (kein Anspruch auf den Nachlass) erst im Zeitpunkt des Todes des Erblassers eingetreten ist und auch keine Beweisprobleme bestehen. Nach der Grundregel des § 1478 ABGB beginnt die Verjährung jedoch nicht, bevor das betreffende Recht ausgeübt werden kann. Einen Schadenersatzanspruch kann man nun aber erst nach Eintritt eines Schadens geltend machen.

VI. Einige Einzelheiten

1. Nur einige besonders wichtige Einzelheiten der Anwendung von Richterrecht sollen noch erwähnt werden. Die Richterrechtsregeln werden in der Vorjudikatur regelmäßig keineswegs in gesetzesähnlichen Normformulierungen ausgesprochen, sondern im Zuge der **Begründung der Einzelfallentscheidung** oft in deskriptiven Sätzen; etwa über die gebotene Auslegung einer Vorschrift, über deren Zweck usw. Ihr normativer Charakter und ihre genauere Bedeutung sind häufig erst vor dem Hintergrund der Tatsachenlage und der rechtlichen Argumentation der Prozessparteien im konkreten Rechtsstreit herauszufiltern. Dieses Verfahren muss hier weithin die historische und die systematische Auslegung von Gesetzen substituieren. Freilich kann auch die Ermittlung der historischen Entwicklung der Rechtsprechung wichtige Hinweise geben. Analoge Anwendung eines zunächst eng gefassten Richterrechtssatzes (was wegen der Einzelfallbezogenheit der Aussagen die Regel ist) auf ähnliche Sachverhalte, die keine rechtlich als relevant erkennbaren Unterschiede aufweisen, ist häufig nötig („Argumentieren von Fall zu Fall“).

Beispiel: *Die vertraglichen Schutz- und Sorgfaltspflichten werden auf erkennbar vertrags(leistungs)nahe Dritte wie zB mitwohnende Familienangehörige erstreckt.*

2. Nach dem Beispiel von Rechtsordnungen des case law sind unter den normativen Sätzen in der Vorjudikatur zwei Gruppen zu unterscheiden: die **„ratio decidendi"** und das **„obiter dictum"**. Zur ersten Gruppe gehören jene gerichtlichen Aussagen, die für die Begründung des Entscheidungsergebnisses notwendig waren, zur zweiten diejenigen, die darüber hinaus gemacht wurden; insbesondere im Rahmen vergleichender Erwägungen, im Vorgriff auf mögliche künftige Fälle, zur weiteren Erläuterung des Ergebnisses oder aus rechtswissenschaftlichen Gründen systematischer Geschlossenheit. Doppel-, Alternativ- und Eventualbegründungen bilden allerdings eine Grenzzone. Bloße obiter dicta werden in der Regel als weniger bedeutsam angesehen; vor allem deshalb, weil ihnen möglicherweise nicht die gleiche Sorgfalt gewidmet wurde wie den wirklich entscheidungstragenden Gründen. Daher sind sie unbeachtlich, wenn sie im Gegensatz zu rationes decidendi anderer Vorentscheidungen stehen.

Sonstige **Judikaturwidersprüche** sind durch den Vorrang der eindeutig überwiegenden Rechtsprechung, insbesondere zulasten einzelner „Ausreißerentscheidungen", sodann zugunsten der späteren und wohl auch der spezielleren Judikaturregeln („lex" posterior bzw specialis) zu lösen. Manchmal ist es möglich, widersprüchliche Fallnormen durch ihre Zurückführung auf die jeweils tatsächlich betroffenen Sachverhalte und damit durch eine engere Fassung zu harmonisieren. Unbehebbar widersprüchliche Judikaturlinien schließen naturgemäß eine Bindungskraft der Präjudizien aus. Im nächsten Rechtsstreit, den in Österreich in letzter Instanz ein auf 11 Richter verstärkter Senat des OGH entscheiden müsste (§ 8 OGHG), muss ja (zumindest) eine dieser Linien abgelehnt werden.

Fraglich erscheint, ob den **obiter dicta** über ihren **Nachrang** hinaus jede Bedeutung als Richterrecht abzusprechen ist. Das Problem liegt darin, dass hier die „Doppelbegründung" für beschränkte Bindungskraft als solche nicht greift: Das bloße Dictum hat ja noch nicht dazu geführt, dass bestimmte Menschen ihm entsprechend behandelt *wurden*, bietet also noch keinen unmittelbaren Ansatz für das Gleichmaßargument. Andererseits kann die deutlich, wenn auch nicht entscheidungswesentlich verkündete Rechtsmeinung des Höchstgerichts große – vielfach ganz bewusst angestrebte – Publizität erreichen und daher mit Blick auf die Rechtssicherheit ausgesprochen bedeutsam sein. Dazu kommt, dass es nach einiger Zeit aus eben diesem Grund wahrscheinlich ist, dass Untergerichte bereits im Sinne des Dictums unpublizierte und daher nicht gut auffindbare Entscheidungen gefällt haben bzw dass Rechtsberater das Verhalten der Beratenen im Sinne des Dictums unter Hinweis auf entsprechende Prozessaussichten beeinflusst haben. Dadurch sind sehr wohl Menschen real im Sinne des obiter Gesagten behandelt worden. Daher sollte man, wenn richterrechtlich bisher nur ein obiter dictum vorliegt, auch einem solchen Ausspruch des Gerichts unter den bereits erörterten Voraussetzungen **subsidiäre Bindungskraft** zusprechen.

3. Umstritten ist schließlich, ob bei **Fehlen höchstgerichtlicher Vorjudikatur** die Rechtsprechung anderer (untergeordneter) Gerichte eine subsidiäre Bindungswirkung entfalten kann. Entsprechend den Anforderungen von Gleichmaß und Rechtssicherheit ist dies unter der Voraussetzung, dass diese Entscheidungen allgemein zugänglich, also publiziert sind, wohl zu bejahen, ohne dass damit die besondere Funktion des Höchstgerichts geschmälert würde. Auch das oberste Gericht ist ja an die maßgebenden fundamentalen Rechtsgrundsätze gebunden. Ist es allerdings davon überzeugt, im aktuellen Kontext eine stärkere Begründung für eine gegenteilige Lösung bieten zu können, so besteht, wie allgemein beim Richterrecht, ohnehin keine Bindung.

Bei **Widersprüchen in der Rechtsprechung des Höchstgerichts gegenüber Gerichten unterer Instanzen** geht naturgemäß die erstere vor, auch wenn beide nach dem vorrangigen Recht gleichermaßen vertretbar sind. Anders ist das mögliche Maß an Gleichbehandlung und Rechtssicherheit nicht zu erreichen. Dazu kommt der Zweckmäßigkeitsgrund, dass sich im Instanzenzug auf Dauer die oberste Instanz durchsetzen muss, soweit nicht prozessuale Beschränkungen für die Anrufung des Höchstgerichts bestehen. Aus materiellrechtlicher Sicht stellen solche Rechtsmittelschranken allerdings eine irrelevante Zufälligkeit dar.

VII. Rechtsprechungsänderung als isoliertes Problem?

Die „Verlegenheit" weiter Teile der juristischen Methodenlehre gegenüber dem Richterrecht zeigt sich besonders deutlich darin, dass heute in einer breiten Diskussion in Kontinentaleuropa versucht wird, ohne Stellungnahme zur grundsätzlichen Frage der Bindungskraft von Richterrecht die Änderung der Rechtsprechung als isoliertes Problem zu behandeln. Ein solcher Zugang ist aber aus methodischen Gründen geradezu ausgeschlossen, da nur die (grundsätzlich möglichen) vollständigen Positionen zur Bindungsfrage eine systematisch kohärente Stellungnahme zum Judikaturwandel gestatten.

Bedeutet die Vorjudikatur rechtlich „nichts", muss das auch für ihre Änderung gelten, diese also als solche schrankenlos zulässig sein. Ist die Judikatur hingegen die eigentliche, selbstverständlich bindende Rechtsquelle, müsste die Konsequenz die Unveränderlichkeit sein; zumindest aber – wenn man sich mit nur beschränkter Konsequenz begnügt – die Beschränkung der Änderungsmöglichkeit auf wenige und gut umschreibbare Ausnahmesituationen. Hat die Vorjudikatur beschränkte Bindungskraft, so müssen selbstverständlich genau deren Grenzen für die Zulässigkeit bzw Gebotenheit von Rechtsprechungsänderungen maßgebend sein.

Mit konsequentem und daher systematischem Rechtsdenken ist es unvereinbar, wenn das Problem der Rechtsprechungsänderung isoliert gesehen und daher zu ihr von selbst gewählten Standpunkten aus argumentiert wird. Plakatives Beispiel dafür ist die (durchaus intensiv geführte) Diskussion um die möglichen Konsequenzen von Judikaturänderungen, wobei bereits die nicht selten befürworteten **„Zeitzündertheorien"** (seriöser: Thesen zum **Rückwirkungsverbot**) zahlreiche unterschiedliche Varianten aufweisen. Auch wenn nicht zu leugnen ist, dass immer wieder gewichtige materiellrechtliche Rechtsprobleme vorliegen, kann dem nicht mit frei konstruierten „Rückwirkungsverboten" begegnet werden. Manchmal ist freilich eine durchwegs befriedigende Lösung überhaupt nicht möglich, sodass es nur um die Wahl des geringsten Übels gehen kann.

Beispiele: *Zwei besonders zugespitzte Konstellationen aus der österreichischen Rechtsprechung mögen zur Veranschaulichung dienen.*

1. *Die Garantie als Sicherungsmittel ist im österreichischen Recht gesetzlich nicht im Einzelnen geregelt. Es fehlt daher auch an einer warnenden Formvorschrift, während für die Bürgschaft Schriftform notwendig ist (§ 1346 Abs 2 ABGB). Die Judikatur hat lange Zeit auch formfreie Garantieerklärungen für wirksam gehalten. Unter dem Einfluss massiver wissenschaftlicher Kritik hat sie aber schließlich akzeptiert, dass die Schutzzwecke der Bürgschaftsform voll und sogar verstärkt auch bei der sicherungsweisen Garantie zutreffen, die wegen ihrer Abstraktheit tendenziell sogar gefährlicher ist als die streng akzessorische Bürgschaft. Der OGH hat daher in Analogie (§ 7 ABGB) zur Bürgschaftsform die bloß mündliche Garantie für unwirksam erklärt. Danach hat er, wie ebenfalls schon erwähnt, das bürgschaftsrechtliche Formgebot konsequenterweise auch auf den Sicherungs-Schuldbeitritt erstreckt. (Beide Schritte hat der deutsche BGH bis heute nicht gesetzt.)*

2. *Im Jahre 2015 ist der OGH im Anschluss an entsprechende Lehrmeinungen von seiner bisherigen Rechtsprechung abgewichen, in dem er Rückforderungsansprüche eines Mieters aufgrund einer Mietzinsminderung nicht mehr der allgemeinen 30-jährigen Verjährungsfrist unterwirft, sondern solche Forderungsrechte über eine Analogie zu Spezialregelungen schon innerhalb von drei Jahren verjähren lässt. (Gewisses Erstaunen hervorgerufen hat dabei der Umstand, dass der OGH neben § 27 Abs 3 MRG auch eine Norm des Kleingartengesetzes als Analogiebasis heranzieht.)*

Die beiden Beispiele sind für die hier vertretene Position, die ein Rückwirkungsverbot ablehnt, besonders heikel. Denn sie werfen, zum Unterschied von manchen anderen Fällen, unzweifelhaft echte **Vertrauensschutzprobleme** auf: Wer sich auf die bisherige Rechtsprechung verlassen hat, steht unversehens ohne wirksame Sicherheit da oder verliert überraschend schnell die volle Durchsetzbarkeit seiner Forderung infolge Verjährung (und damit auch den zu spät eingeleiteten Prozess).

Unter diesem Vertrauensschutzaspekt und damit zugleich unter dem **Rechtssicherheitsaspekt** ist seit einigen Jahrzehnten nach dem Vorbild der USA, wo allerdings die Auffassungen je nach Einzelstaat und zu verschiedenen Zeiten sehr umstritten waren bzw sind, insbesondere in Deutschland, in der Schweiz und zuletzt auch in Österreich eine umfassende Diskussion darüber entstanden, ob, wie und inwieweit das Vertrauen betroffener Rechtssubjekte auf eine bestehende Judikaturregel, die durch Interpretation oder Rechtsfortbildung begründet wurde, geschützt werden kann und soll. (Extreme Positionen postulieren sogar, dass im Recht der Form und der Verjährung aus den genannten Gründen Analogien unzulässig seien. Das ist in dieser Absolutheit selbstverständlich abzulehnen, da § 7 ABGB auch für diese Normenbereiche gilt.)

Bis vor wenigen Jahrzehnten hat im kodifizierten Rechtssystem Kontinentaleuropas kein Zweifel daran bestanden, dass Gerichte rechtlich **so richtig wie möglich entscheiden** sollen. Das bedeutet vor allem, dass sie ihre bisherige Auffassung aufgeben und abweichend urteilen *müssen*, wenn rechtliche Nachprüfung ergibt, dass ihre bisherige Rechtsmeinung auf einem Fehler bei der Interpretation oder Rechtsfortbildung beruhte oder doch durch die Auswirkungen einer wesentlichen tatsächlichen Änderung der Verhältnisse oder einer methodisch relevanten Änderung im rechtlichen Kontext unrichtig geworden ist.

Genau dies wird in der neueren Diskussion nun von manchen angegriffen. Gefordert wird ein „Rückwirkungsverbot". In der striktesten und konsequentesten Variante verlangen die einschlägigen Theorien, dass die Judikatur, wenn sie die Notwendigkeit einer Änderung ihrer Rechtsmeinung erkennt, ihre neue Überzeugung von der Rechtslage zunächst bloß in ihren Urteilen *ankündigt*, tatsächlich aber die anhängigen Fälle noch nach ihrer alten Rechtsmeinung entscheidet; also nach ihrer eigenen jetzigen Überzeugung *bewusst falsch*! Erst die neuen Fälle, deren Sachverhalte sich bereits nach der angekündigten (und publizierten) Rechtsprechungsänderung verwirklicht haben, sollen dann auch tatsächlich nach der neuen Rechtsmeinung beurteilt werden. Man nennt dies, heutzutage wie so oft mit einem angloamerikanischen Begriff, **„prospective overruling"**. Beispiele dafür finden sich etwa in der Rechtsprechung deutscher Höchstgerichte, wo man auch die lapidare Aussage lesen kann, dass Aspekte, die der Gewährung von Vertrauensschutz entgegenstünden, nicht ersichtlich sind.

Der **Unterschied zum** – übrigens durchaus begründungs- und konkretisierungsbedürftigen – **Rückwirkungsverbot bei Gesetzen**, auf das sich die einschlägigen Theorien bei der Rechtsprechungsänderung gerne berufen, wird schon durch die bisherigen Bemerkungen deutlich: Er liegt in der Hauptfunktion der Gerichte, die Streitfälle gemäß dem Rechtssystem zu entscheiden. Der Gesetzgeber hat einen viel weiteren Gestaltungs- und Ermessensspielraum und entscheidet jedenfalls, auch wenn er rückwirkend regelt, nicht bewusst falsch. Überdies urteilt die Rechtsprechung in einem bestimmten Sinn ohnehin immer und notwendig „rückwirkend", nämlich über zeitlich vorausgehende Sachverhalte. Der Vergleich mit dem Verbot rückwirkender Gesetze ist daher oberflächlich und als Argument ungeeignet.

Darüber hinaus steht der konsequenten Theorie des Rückwirkungsverbots, wie sie eben skizziert wurde, zumindest ein wohl durchschlagendes faktisches Argument entgegen. Sie muss praktisch zu einer fast vollständigen Unangreifbarkeit und damit Erstarrung einer eingeführten Rechtsprechungsregel führen, und sei sie noch so falsch: Bei Annahme eines konsequenten Rückwirkungsverbots in dem beschriebenen Sinn könnte jeder, der sich in seinem Prozess gegen die bestehende Rechtsprechung wendet, günstigstenfalls damit rechnen, dass ihm die Judikatur theoretisch im Ergebnis zustimmt, praktisch aber in Anwendung ihrer bereits als falsch erkannten früheren Meinung doch seinen Prozessgegner mit allen Kostenfolgen obsiegen lässt. Das muss jedermann von der Bekämpfung einer einmal etablierten Rechtsprechung abschrecken, da damit ja bestenfalls künftigen Prozessparteien geholfen, ein eigener Vorteil aber von vornherein ausgeschlossen wäre. Ohne den Versuch, die bisherige Judikatur mit Hilfe guter (und uU neuer) Argumente „umzudrehen", kann es aber von vornherein nicht zu einer Überprüfung der bestehenden Rechtsprechung kommen. Solche Versuche trotz inhaltlichen Erfolgs (das Gericht ändert seine Meinung) in concreto unbelohnt zu lassen (der erfolgreich die Judikaturänderung Betreibende verliert den Prozess trotzdem!), ist unter keinem rechtlich vertretbaren Aspekt wünschenswert.

Daher wird das **Rückwirkungsverbot** von manchen zumindest dahin **abgeschwächt**, dass im „Anlassfall", in dem ein Prozessbeteiligter *erstmals* die Änderung die Rechtsprechung erwirkt, doch nach der nunmehr als richtig erkannten Rechtslage zu seinen Gunsten entschieden wird. In allen anderen älteren Fällen, die zum Zeitpunkt der höchstgerichtlichen Rechtsprechungsänderung noch bei Gericht anhängig sind, soll dagegen wie bisher, also nach dem neuen Erkenntnisstand unrichtig, geurteilt werden. Von manchen wird als Variante empfohlen, die neue Rechtsmeinung zwar in allen bei der Rechtsprechungsänderung schon anhängigen Verfahren wirken zu lassen, nicht hingegen in erst später bei Gericht landenden „Altfällen" heranzuziehen. Diesen Modifikationen, die immerhin den Anreiz zur Bekämpfung einer verfehlten oder zweifelhaften Judikatur aufrechterhalten, steht aber die **Gerechtigkeits- und Gleichheitswidrigkeit** der vorgeschlagenen Lösung deutlich entgegen: Wie rasch einer von mehreren gleichgelagerten Fällen zum Höchstgericht oder überhaupt vor Gericht gebracht wird, hängt von vielen Zufällen ab, aber keineswegs von materiell unterschiedlicher Schutzwürdigkeit der beteiligten Interessen. Eine Verschiedenbehandlung der jeweils Beteiligten aufgrund bloßer Zufälle und daher ohne sachliche Begründung ist aber willkürlich und gleichheitswidrig.

Eine verfeinerte Strömung der Rückwirkungsverbotstheorie sieht all diese Probleme sehr wohl und will daher auf Einheitslösungen verzichten: Dem zur Änderung seiner Rechtsmeinung entschlossenen Gericht selbst sei die Aufgabe übertragen, **ad hoc** eine **Übergangsregel** aufzustellen, also von sich aus festzusetzen, ob und wie weit ein „Rückwirkungsverbot" im Einzelfall gelten soll. Die Richtlinien, die dafür in der Literatur erarbeitet wurden, sind aber notwendigerweise so vage, dass eine einigermaßen verlässliche Prognose dieser gerichtlichen Festsetzung für den konkreten Fall nicht möglich ist. Das wird von manchen Vertretern dieser Theorievariante sogar ausdrücklich zugegeben. Erst recht gilt dies natürlich, wenn ohne weitere Vorgaben einfach auf das gerichtliche Ermessen abgestellt werden sollte. Von Rechtssicherheit kann dann keine Rede sein. Ob und wie weit das Vertrauen eines Beteiligten auf die bisherige Rechtsprechung geschützt werden wird, bleibt also in Wahrheit a priori gänzlich offen. Schon dies schließt aus praktischer Sicht die Bekämpfung einer einmal eingewurzelten Rechtsprechung wegen des unkalkulierbaren Risikos nahezu aus und steht darüber hinaus mit den Grundlagen aller Rückwirkungsverbotstheorien, den Prinzipien der Rechtssicherheit und des Vertrauensschutzes, in vollkommenem Widerspruch: Man dürfte dann eben doch nicht auf die bestehende Rechtsprechung vertrauen; alles bliebe unsicher.

Bei so unzureichenden Grundlagen der Theorien darf es nicht verwundern, dass in ihrem Rahmen auch nahezu alle **Folgefragen**

stark umstritten sind. Genannt sei hier nur die wichtigste: Genügt die abstrakte Möglichkeit des Vertrauens auf die Rechtsprechung oder muss, was die praktische Bedeutung eines Rückwirkungsverbots stark reduzieren würde, ein solches Vertrauen im Einzelfall tatsächlich vorliegen, was konkrete Kenntnis des wesentlichen Inhalts der bisherigen Judikatur voraussetzt (die dann womöglich unter Beweis gestellt werden müsste)?

Nach dieser Andeutung interner Streitfragen der Rückwirkungsverbotstheorien sind aber erst die **grundlegenden Einwände** zu erheben, die sich **gegen alle Varianten dieser Lehren** richten. Hier ist erstens die – schon erwähnte – **Hauptfunktion der Gerichte** zu nennen, die ihnen vorliegende einzelne Streitigkeit **rechtlich so wohlbegründet wie möglich zu entscheiden**. Damit ist unvereinbar, dass nach Erkenntnis der Unrichtigkeit der bisherigen Rechtsmeinung praktisch in irgendeinem Umfang an ihr doch festgehalten werden sollte oder gar müsste. Der gelegentliche Einwand, das Vertrauensprinzip gehöre ja auch zur Rechtsordnung, zieht nicht. Dieses kann nicht rechtfertigen, dass das Vertrauen des einen Beteiligten auf die bisherige Rechtsprechung zulasten gerade des anderen privaten Beteiligten geschützt wird, der für diese Rechtsprechung und damit für das Vertrauen des ersten in keiner Weise verantwortlich ist. Das Vertrauen ist von der bisherigen Rechtsprechung veranlasst worden, nicht vom anderen Beteiligten. Es ist diesem in keiner Weise zurechenbar und geht ihn daher nichts an.

Zweitens **verstoßen** alle Rückwirkungsverbotstheorien, wenn auch in unterschiedlichem Umfang, **gegen den Vorrang des** methodisch korrekt ausgelegten oder allenfalls fortgebildeten **Gesetzes**. Erkennt das Gericht nunmehr eine neue Lösung der Rechtsfrage als die besser begründete und damit in diesem Sinn als die rechtlich richtige, so hat es dieser Einsicht daher sofort und ohne zeitliche Verzögerung zu folgen, weil es andernfalls den Vorrang des Gesetzes vor seiner eigenen bisherigen Rechtsmeinung verletzt.

Der dritte Einwand gegen alle Rückwirkungsverbotstheorien betrifft den bereits angesprochenen Vertrauensaspekt: Es ist nicht einzusehen, warum zwar das Vertrauen eines Streitbeteiligten auf die bisherige Rechtsprechung beachtet und geschützt werden soll, nicht aber das **Vertrauen des anderen Teils auf die** – wie sich nunmehr zeigt – **richtige Rechtslage**. In diesem Vertrauen – und mit einigem Risiko – hat sich dieser andere Teil in den Prozess eingelassen. Häufig hat er sich auch in seinem vorausgehenden materiellrechtlich relevanten Verhalten schon von dieser Rechtslage leiten lassen; vielleicht mit dem unbewussten Risiko der entgegenstehenden damaligen Rechtsprechung. Sein Vertrauen war dann also vielleicht riskant, hatte aber doch das richtige Objekt. Ein bloß „einäugiger" Vertrauensschutz lediglich auf die Rechtsprechung, nicht aber auf die wirkliche Rechtslage, ist unvertretbar.

Die letzten Überlegungen zur Relevanz bzw Irrelevanz einer etwaigen Vertrauensenttäuschung sollen nun noch am bereits bekannten Beispiel eines Schuldbeitritts per E-Mail veranschaulicht werden. Dabei wird rasch zu sehen sein, dass die Schutzwürdigkeit desjenigen, für den die Fortführung der bisherigen Judikatur günstig wäre, regelmäßig ohnehin stark zu relativieren ist. **Zwei Stadien möglichen Vertrauens** sind zu unterscheiden und zu berücksichtigen. Das erste ist jener Zeitpunkt, in dem sich jemand entscheidet, eine bestimmte Handlung vorzunehmen, also etwa einem per E-Mail erklärten Schuldbeitritt zu einer Kreditschuld zuzustimmen (und daraufhin etwa den Kredit zu verlängern oder zu erhöhen). Tut das diese Person ohne weiteres Nachdenken über rechtlich Erforderliches, hat sie von vornherein nicht auf eine bestimmte, bisher vertretene Judikaturlinie (Schuldbeitritt formfrei wirksam) vertraut. Ihre Schutzwürdigkeit ist aber auch dann nicht besonders groß, wenn sie sich vorweg näher mit der Formfrage beschäftigt hat. Da Judikaturänderungen kaum einmal vollkommen überraschend vom Himmel fallen, hätte sie dann ja mitbekommen, dass der Schuldbeitritt ausgesprochen bürgschaftsähnlich ist und dass in der Rechtswissenschaft bereits öfters mit gut nachvollziehbaren Argumenten eine Analogie zum bürgschaftsrechtlichen Schriftformgebot (mit Unterschrift) vertreten wurde. Dann hätte sie mit der Möglichkeit einer Änderung der Rechtsprechung zumindest rechnen müssen; zugleich muss sie sich den Vorwurf gefallen gelassen, nicht auf dem jedenfalls sicheren Weg einer unterschriebenen Schuldbeitrittserklärung bestanden zu haben. Ähnliches gilt für das zweite Stadium, in dem es um die Entscheidung geht, sich auf einen Prozess einzulassen. In dieser Phase ist es noch viel wahrscheinlicher, dass die Rechtslage einigermaßen umfassend reflektiert wird.

Damit stehen den Beteiligten die möglichen Risiken in Bezug auf die nunmehrige Beurteilung der Rechtslage durch das Gericht aber regelmäßig hinreichend klar vor Augen.

Das Ergebnis ist nach alldem zunächst ausschließlich negativ: **Alle Varianten der Rückwirkungsverbotstheorien sind abzulehnen.** Der „alten“ (manche würden vielleicht sagen: „altmodischen“) Auffassung, dass Gerichte rechtlich so wohlbegründet wie möglich zu entscheiden haben, ist weiterhin zu folgen, auch wenn dies bei einem der Streitteile zur Enttäuschung seines Vertrauens auf Entscheidungskontinuität führt. Diese Position wird erfreulicherweise auch vom österreichischen OGH ausdrücklich vertreten.

Damit wird freilich keineswegs geleugnet, dass sich in der Situation der Rechtsprechungsänderung Vertrauensschutzprobleme stellen können, wie schon die beiden Einleitungsbeispiele andeuten. Daher ist zu betonen, dass die sonst wenig glückliche Diskussion zum Rückwirkungsverbot immerhin ein Problembewusstsein geschaffen hat, das zu einer wichtigen Erkenntnis beiträgt: In manchen Fällen kann ganz oder teilweise auf materiellrechtlicher Ebene, also ohne gewaltsame oder unvorhersehbare Rückwirkungsverbote, Abhilfe geschaffen werden. Die entsprechenden materiellrechtlichen Institute und Regeln sind dabei freilich nach Inhalt und Zweck ernst zu nehmen; Einseitigkeiten sind wie auch sonst zu vermeiden. Zu nennen sind etwa die Verneinung von Verschulden bei Orientierung eines Schädigers an der bisherigen Rechtsprechung und, mit aller Vorsicht, **Rechtsmissbrauch**.

Beispiel *(für Rechtsmissbrauch): Jemand gibt seine Garantieerklärung bloß per E-Mail, also nicht schriftlich im Sinne des § 886 ABGB, ab und hat dabei bereits den Vorsatz, sich gegen eine künftige Inanspruchnahme mit der Berufung auf Formmangelhaftigkeit zu wehren. Zum Zeitpunkt der Garantieübernahme hat die Judikatur Formfreiheit noch bejaht, im rechtswissenschaftlichen Schrifttum wurde aber bereits heftig dagegen argumentiert, weshalb sich der Garant für einen möglichen künftigen gerichtlichen Streit über die Wirksamkeit seiner Garantie eine Judikaturänderung erhoffte.*

Bejaht man in diesem Fall Rechtsmissbrauch, dringt der Garant mit seinem Einwand der Formmangelhaftigkeit auch dann nicht durch, wenn das Gericht nunmehr zum Ergebnis gelangte, dass auch für die Garantie in Analogie zur Bürgschaft ein Schriftformgebot besteht. (In der Praxis würde die Begründung in der Entscheidung allerdings möglicherweise wie folgt lauten: Es kann dahingestellt bleiben, ob dem Schrifttum hinsichtlich der Schriftform zu folgen ist, da dem Garanten wegen seines rechtsmissbräuchlichen Verhaltens die Berufung auf einen etwaigen Formmangel versagt bleibt.)

In manchen Fällen, etwa in den Einleitungsbeispielen, ist allerdings ein hartes Ergebnis regelmäßig nicht zu vermeiden (sofern nicht wie in der eben gebrachten Fallvariante ganz ausnahmsweise besondere Umstände Rechtsmissbrauch begründen). Das ist aber das kleinere Übel im Vergleich zu den angedeuteten Konsequenzen eines „einäugigen" Vertrauensschutzes. Wie sollte man auch eine allseits und in jedem Fall befriedigende Lösung finden können, wenn die Problemlage von vornherein durch eine sehr unbefriedigende Situation außerhalb des Einflussbereichs der Streitteile gekennzeichnet ist, nämlich durch eine (möglicherweise) als unrichtig aufzugebende Rechtsprechung?

Zum Abschluss: Alles Gesagte gilt in vollem Umfang nur für die **gewöhnliche Entscheidungstätigkeit der Zivilgerichte**, die auf rechtsrichtiger Beurteilung eines Streitfalles zwischen gleichberechtigten Beteiligten gerichtet ist; also ganz deutlich im Privatrecht. Die abstrakte Normenkontrolle durch Verfassungsgerichte und die abstrakte Lösung von Auslegungsfragen durch Vorabentscheidungen des EuGH haben Besonderheiten, die auch Gegenstand positivrechtlicher Regelungen sind. Diese Bereiche können hier nicht mehr erörtert werden.

Stichwortverzeichnis